KB194027

성서건강학

성서건강학

초판1쇄 발행 2009년 6월 10일
초판4쇄 인쇄 2021년 7월 2일

지은이 차 한
발행인 이왕재

펴낸곳 건강과 생명(www.healthlife.co.kr)
주 소 110-744 서울시 종로구 연건동 67번지 1층
전 화 02-3673-3421~2 팩 스 02-3673-3423
이메일 healthlife@healthlife.co.kr
등 록 제 300-2008-58호

총 판 예영커뮤니케이션
전 화 02-766-7912 팩 스 02-766-8934

정 가 12,000원

ⓒ건강과 생명 2009
ISBN 978-89-86767-27-8 03230

'라온누리' 는 도서출판 '건강과 생명' 의 새로운 출판브랜드입니다.
본서의 성경구절은 달리 언급되지 않는 한 '그리스도 예수 안에' 에서
출간된《흠정역 성경》에서 인용하였습니다.

BEST
HEALTH *from*
BIBLE

하나님의 말씀에 숨어 있는 건강의 영적 비밀!

성서건강학

말 | 잔소리 | 웃음 | 음악 | 노동 | 일중독 | 휴식 | 독신생활 | 근친혼 | 동성애 | 성폭행 | 아동학대 | 태교음악 | 회춘 | 장바이러스 | 치질
폐병 | 한센병 | 불면증 | 졸음 | 화병 | 멜라민 | 술 | 와인 | 피 | 흡연 | 비만 | 채식주의 | 모차르트효과 | 명상 | 치료적접촉 | 마인드컨트롤
요가 | 최면 | 뇌호흡 | 안락사 | 자살 | 최진실법 | 장기기증 | 장애인 | 광우병 | 게놈 | 장수 | 노화 | 불임 | 할례 | 인공피 | 오캄의 면도날

광염무권

하나님께서는 필자에게 많은 은혜를 베풀어주셨다. 무엇보다 복음을 듣고 구원을 받게 해주셨고 하나님의 자녀가 된 이후에는 미력하지만 문서선교의 사명을 감당할 수 있게 해주셨다.

특히 건강에 대한 관심이 폭발적으로 증가하여 전문가조차도 따라잡기가 어려울 정도로 각종 건강정보가 실시간으로 업그레이드되고 있는 이 시대에 월간 〈건강과 생명〉을 통하여 고급 건강정보와 함께 복음을 전할 수 있게 해주셨다.

아울러 2007년 11월부터 2008년 12월까지 〈차 한 박사가 쓰는 성서건강학〉이란 타이틀로 국민일보에 매주 건강칼럼을 연재할 수 있는 기회를 허락해주셨다.

그리고 이제는 이 칼럼들이 7편씩 각각 생활, 가정, 질병, 먹거리, 뉴에이지, 이슈, 생명 등 7가지 주제로 분류되어 한 권의 단행본으로 엮어질 수 있도록 은혜를 더하여 주셨다.

돌이켜보면 이 책이 출간되기까지 도움을 준 많은 손길들도 다 하나님의 은혜의 섭리 가운데 비롯된 것임을 고백하지 않을 수 없다.

먼저 국민일보 종교부 김무정 부장님과 이지현 차장님 등 국민일보 관계자들의 따뜻한 신뢰와 격려가 있었기에 1년여의 짧지 않은 기간 동안 칼럼이 연재되어 유종의 미를 거둘 수 있었음을 밝히고 싶다.

그리고 필자의 칼럼 내용들을 함께 나누며 필자의 글쓰기를 위해 지속적으로 기도해 준 용산뱁티스트처치의 한국어성경공부팀 멤버들의 후원이 있었기에 〈성서건강학〉이란 결실이 가능하였음도 알리고 싶다.

또한 실제적으로 이 책의 출간에 필요한 모든 경비를 희사했을 뿐 아니라 필자를 위해 늘 특심으로 기도해주고 있는 아우 차대식 원장의 사랑이 없었다면 이 책이 결코 세상에 나올 수 없었음도 밝히고 싶다.

그리고 오랜 시간 함께 월간 〈건강과 생명〉을 통해 문서선교를 하면서 필자를 위해 기도해주고 계시는 여러 동역자님들께도 많은 사랑의 빚을 지고 있음을 알리고 싶다.

발행인인 이왕재 박사님을 위시하여 모든 편집·자문위원님들과 이승훈 부장님, 백경화 자매님, 김란영 자매님, 이광범 형제님 및 RNA의 김재욱 실장님께도 지면을 빌어 진심으로 감사의 마음을 전해드린다.

모쪼록 이 책을 통해 참 건강과 생명의 길로 인도되는 영혼들이 많아지길 소원하며, 오직 하나님께로만 모든 존귀와 영광이 올려지길 기도한다.

— 2009년 6월 5일 차 한

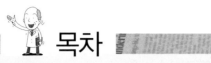

목차

BEST
HEALTH *from*
BIBLE

01 생활

말(言語) | 잔소리 | 웃음 | 음악 | 노동 | 일중독 | 휴식

and John had asked, the

⁴²So Jesus called them together
know that the rulers in this wo
their people, and officials flaun
over those under them. ⁴³But ar
be different. Whoever wants
among you must be your servant,
wants to be first among you must
everyone else. ⁴⁵For even the Sor
not to be served but to serve oth
his life as a ransom for many."

Jesus Heals Blind Bartimaeus

⁴⁶Then they reached Jericho, and
disciples left town, a large cr
ind beggar named Barti

말(言語)

하 나님께서는 단지 말씀하심으로 온 우주 만물을 창조하셨다(창1:3, 6,9,11,14,20,24). 또한 모든 피조물은 하나님의 권능의 말씀에 의해 그 질서가 유지되고 있다(히1:3).

그런데 이와 같은 하나님의 말씀의 능력에는 견줄 수 없겠지만, 우리가 자신의 사상과 감정을 표현하기 위한 수단으로 사용하는 말(言語)에도 그 나름 대로의 능력이 있다(막11:23). 즉 '말이 씨가 된다.' 는 속담에서 알 수 있듯이 말이 우리 삶과 건강에 미치는 영향력은 실로 대단하기까지 하다.

최근 들어 정신신체의학의 발달을 통해 말이 우리의 건강과도 밀접한 관계가 있음이 잘 밝혀지고 있다. 일례를 들어 보자. 어느 학자가 같은 종류의 식물을 같은 장소에 두고 같은 양의 영양을 공급해 주면서 한 식물에게는 매일 사랑의 말을 들려주고 한 식물에게는 나쁜 말을 들려주었다. 그리고 몇 주 후 두 식물을 비교해 보니 사랑의 말을 들려준 식물은 건강하게 잘 자라났지만 나쁜 말을 들려준 식물은 시들어 죽어 있었다.

여기서 우리는 사랑이 담긴 긍정적인 말은 사람뿐만 아니라 살아 있는 모든 것을 건강하게 만드는 중요한 요인이라는 사실을 발견하게 된다. 요즈음 많은 사람들에게 감동을 주고 있는 '선천성 관절병이 치료된 바네사의 간증'에서처럼 어떤 말을 하더라도 긍정적으로 표현하는 것이 건강에 이로운 것이다(잠16:24).

그러나 반대로 부정적인 말은 우리의 건강을 해치기 쉽다. 예를 들어 '죽겠다, 죽고 싶다, 안 된다' 등의 표현은 거의가 절망적으로 또는 자기비하로 쓰이기 때문에 스트레스 호르몬의 과다분비를 가져와 우리 몸에 이상을 초래할 수 있다. 그런데 이러한 말들은 영적으로 보면 하나님을 불신하는 것임을 알아야 한다(마7:7,8; 살전5:16-18).

아울러 말을 빨리 반복하여 건강하게 될 수 있다고 가르치는 '만트라'(mantras) 기법 또한 영적으로 문제를 일으킬 수 있음을 알아야 한다(마6:7; 딤후2:16).

만트라 기법은 힌두교나 불교에서 뿐 아니라 스트레스 증상 관리와 관련하여 이용되기도 하는데, 명상의 생리적 효과에 대한 연구를 해온 허버트 벤슨은 '이완반응'이란 논문에서 말을 빨리 반복하는 동안에 깊은 이완상태가 나타남을 보고하고 있다. 즉 실험대상자들의 산소 소모가 감소되고, 심장박동 수는 느려지고, 전기피부저항은 증가하고, 혈압은 낮아졌다.

그러나 비록 말을 빨리 반복함으로 여러 건강수치가 일시적으로 좋아질 수는 있지만 만트라를 하게 되면 영적으로 침해가 올 수 있기 때문에 진정한 그리스도인이라면 이를 행하지 말아야 한다(살전5:22).

이처럼 말은 우리의 육적, 영적 건강에 매우 밀접한 관련이 있다. 그러므로 우리는 세상의 방식을 따라서가 아니라 오직 하나님께서 주시는 지혜를 따라 말을 하며 우리의 건강을 도모해야 할 것이다.

"칼로 찌르듯이 말하는 자가 있거니와 지혜로운 자의 혀는 건강하게 하느니라."(잠12:18)

"즐거운 말들은 벌집 같아서 혼에게 달고 뼈에게 건강을 주느니라."(잠16:24)

and John had asked, they
42So Jesus called them together
know that the rulers in this wo
their people, and officials flaun
over those under them. 43But ar
be different. Whoever wants
among you must be your servant,
wants to be first among you must
everyone else. 45For even the Son
not to be served but to serve oth
his life as a ransom for many."

of

who

"Hu-
with

en

Jesus Heals Blind Bartimaeus
46Then they reached Jericho, and
disciples left town, a large cr
ind beggar named Barti

2

잔소리

당신은
맨날...

잔 소리의 사전적 정의는 '듣기 싫게 늘어놓는 잔말'이다. 특히 아내가 남편하게 하는 잔소리는 바가지라고 표현이 된다.

아담과 이브가 한 몸을 이룬 후 그들 간에 잔소리가 오간 적이 있는지 성경은 침묵하고 있지만 아마도 아담이 930년을 사는 동안 이브로부터 바가지를 긁힌 적이 없진 않았을 것이다(창5:5).

그 후 많은 인물들이 성경에 등장하고 있는데 잔소리가 처음으로 성경에 언급된 것은 창세기 16장에서이다. 즉 사래가 아브람에게 하갈로 인하여 불편한 심기를 감추지 못하고 바가지를 긁는 장면이 나타나고 있다(창16:1-6).

그러나 아쉽게도 아브람은 하나님의 약속을 믿지 못하고 인간적 방법으로 후손을 얻으려 했던 사래의 목소리에 귀를 기울이게 되는 우를 범하였다(창 16:2). 그리고는 또 사래가 수태한 하갈로부터 멸시를 받고 아브람에게 바가지를 긁자 사래의 뜻대로 하갈을 다루도록 하는 잘못을 범하였다(창16:6).

믿음의 조상 아브람이 이처럼 하나님의 뜻과는 다른 선택을 하게 된 이유는 사실 정신의학적 측면에서 이해가 되는 부분이 있다.

잔소리를 계속 듣게 되면 만성적인 스트레스가 되어 정신적인 불안, 우울, 가슴앓이, 오해, 망상, 그리고 사고장애가 나타날 수 있다. 아마도 사래의 잔소리는 일회성이지 않았을 것인데 사래의 지속적인 잔소리에 어느 순간 아브람의 판단력에 문제가 생겨 아브람도 믿음에서 나지 아니한 결정을 하게 되었던 것으로 볼 수 있다.

아울러 잔소리에 의한 스트레스는 정신건강뿐 아니라 여러 가지 신체적 병까지 일으킬 수 있다. 불면, 고혈압, 심장병, 뇌졸중, 위궤양, 당뇨병, 성기능장애, 심지어는 암까지도 유발될 수 있다. 그래서 잔소리는, 특히 바가지는 다른 스트레스처럼 만병의 근원이 될 수 있음을 알아야 한다.

오죽하면 역사상 가장 지혜가 출중하였던 솔로몬이 "다투는 여자와 함께 넓은 집에서 사는 것보다 지붕 모퉁이에서 사는 것이 나으니라."(잠21:9) "다투며 성내는 여자와 함께 사는 것보다 광야에서 사는 것이 나으니라."(잠 21:19) 등과 같은 고백을 하였겠는가(왕상4:29-34).

그리고 비단 잔소리는 부부관계에서만 문제를 일으키는 것이 아니다. 뇌의 전두엽이 한창 성숙될 시기인 10대 자녀에게 잔소리를 해대면 새로운 신경

세포망이 정비되지 못해 인내심과 책임감이 있는 성인으로 자라나기가 어려워진다. 왜냐하면 스트레스로 인해 증가하는 '노르에피네프린'이 전두엽과 인지 기능에 심각한 악영향을 미치기 때문이다.

이제 우리는 성급하게 잔소리를 하는 대신에 인내하며 나누는 부드러운 대화를 통해 우리 가족의 건강을 도모해야 할 것이다.

"네가 말이 조급한 사람을 보느냐? 그보다는 오히려 어리석은 자에게 더 소망이 있느니라."(잠29:20)

"오래 참음을 통해 통치자도 설득되나니 부드러운 혀는 뼈를 꺾느니라." (잠25:15)

James and John had asked, they

42So Jesus called them together
know that the rulers in this wo
their people, and officials flaunt
over those under them. 43But am
be different. Whoever wants t
among you must be your servant,
wants to be first among you must
everyone else. 45For even the Son
not to be served but to serve othe
his life as a ransom for many."

Jesus Heals Blind Bartimaeus
46Then they reached Jericho, and
disciples left town, a large cro
lind beggar named Bartin

3

웃음

'일소일소(一笑一少) 일로일로(一怒一老)' 라는 말이 있다. '한번 웃으면 한 번 젊어지고, 한번 성내면 한번 늙는다' 는 뜻이다. 또 소문만복래(笑門萬福 來)라는 말도 있다. 그 뜻은 '웃는 문으로 만복이 찾아온다' 곧 '웃으면 복이 온다' 는 것이다.

이와 같이 웃음이 건강에 좋다는 것은 오래전부터 잘 알려진 사실이나 웃 음이 건강에 미치는 긍정적 효과가 객관적으로 입증이 되기 시작한 것은 그리 오래되지 않았다.

로마린다 의과대학의 리 버크 교수는 1996년 심리신경면역학 연구학회에서 웃으면 면역기능이 강화된다는 연구결과를 발표해 전 세계 의학계의 관심을 모았다. 그는 폭소 비디오를 보고 난 뒤 혈액 속에 강력한 면역조절물질인 감마 인터페론의 양이 200배 늘어났음을 밝혀냈다.

또한 백혈구와 면역글로불린이 많아지고 면역을 억제하는 코르티솔과 에피네프린이 줄어드는 현상을 발견했다. 또 2001년에 발표한 논문에서 리 버크 박사팀은 암을 잡아먹는 NK세포가 웃음에 의해 활성화된다는 사실을 실험으로 증명했다.

이외에도 웃음이 건강에 효과가 있다는 많은 연구결과들이 보고가 되어 왔는데 대표적으로 뇌하수체에서 엔돌핀 같은 천연 진통제가 생성되며, 부신에서 통증과 신경통 같은 염증을 낫게 하는 화학물질이 나오고, 동맥이 이완돼 혈압이 낮아지며, 암환자의 통증을 경감시키고, 심장박동 수를 높여 혈액순환을 돕는 것 등이 잘 알려지게 되었다.

그래서 이와 같은 사실들을 바탕으로 하여 웃음을 통해 건강을 증진시키려는 다양한 시도가 진행되고 있는데, 특히 스태그플레이션의 상황 속에서 활력을 잃고 웃음을 찾기가 쉽지 않은 요즈음 '웃음치료' 가 많은 사람들의 관심을 끌고 있다.

그러나 웃음을 통해 건강을 도모하는 모든 방법이 다 성경적으로 옳은 것은 아니다. 모든 일에는 시기가 있고 모든 목적한 것에는 때가 있는데 웃음도 이에 해당된다(전3:4).

사실 힌두교, 아프리카 토속종교, 중국의 기공, 최면요법 등 다양한 영적 배경을 가진 집단에서 한결같이 강조되고 있는 웃음이 다 우리에게 참된 건강을 가져다주는 것이 아님을 알아야 한다. 게다가 한때의 유행처럼 지나가긴 했지만 소위 '거룩한 웃음'이라는 것도 성령의 역사가 아님을 인식하여야 한다.

물론 하나님은 완전한 사람을 버리지 아니하시고 그 입에 웃음을 채워주시는 분이시다(욥8:20,21). 그리고 성경의 수많은 인물들 가운데 예수님의 예표로서 으뜸가는 인물인 '이삭'의 뜻이 '웃음'이라고 하는 사실에서 알 수 있듯이 하나님께서는 예수님을 통해 우리가 진정으로 웃으며 기뻐하길 원하고 계신다(창21:6; 눅15:3,7).

이제 하나님의 선물인 '웃음'을 통해 영육 간에 건강한 삶을 살아가는 복을 누리도록 하자.

"하나님의 선물은 예수 그리스도 우리 주를 통한 영원한 생명이니라."(롬6:23하)

"즐거운 마음은 약같이 좋으나 상한 영은 뼈를 말리느니라."(잠17:22)

and John had asked, they

42So Jesus called them together know that the rulers in this wo their people, and officials flaunt over those under them. 43But am be different. Whoever wants t among you must be your servant, wants to be first among you must everyone else. 45For even the Son not to be served but to serve othe his life as a ransom for many."

Jesus Heals Blind Bartimaeus

46Then they reached Jericho, and disciples left town, a large cro ind beggar named Bartin

4

음악

가인의 6대손 라멕은 살인을 한 후 참담한 심정을 고백한 '두려움의 노래'를 불렀다(창4:16-24). 그리고 라멕의 아들 유발은 인류 최초로 악기를 만들었다(창4:21). 이후 성악이든 기악이든 모든 음악은 인간의 삶 속에서 희로애락을 표현하는 중요한 요소로 자리를 잡게 되었다.

그런데 자신의 상처를 치유하기 위하여 노래했던 라멕의 경우에서처럼 치료를 목적으로 하는 음악도 인류의 역사와 더불어 꾸준히 시도되어 왔다. 고대 주술사들이 소리와 음률 및 주술을 사용하여 환자들을 치료하고자 했던 것이 그 예라 할 수 있다. 아울러 다윗이 사울왕의 질병을 치료하기 위해 하프를 연주할 때 악한 영이 떠나고 치료가 된 것도 좋은 예가 될 것이다(삼상 16:23).

그런데 이러한 음악 치료가 과학적 연구와 관찰을 통해 전문 영역으로 자리를 잡게 된 것은 제2차 세계대전직후였다. 전쟁의 정신적 충격을 경험한 환자들을 돕기 위해 음악을 연주하여 예상치 못했던 긍정적 결과를 얻게 되자 음악의 치료적 효과가 새롭게 인식되기 시작했다.

그 후 음악을 치료적 목적으로 체계적으로 사용할 수 있는 전문 인력들이 양성되면서 음악치료가 날로 발전을 하고 있다.

음악이 인간의 신체에 직접적인 반응을 일으킨다는 연구는 지난 수십 년간 활발히 이루어져 왔다. 예를 들면 음악이 혈압, 심장 박동, 호흡수, 뇌파, 피부 반응(Galvanic Skin Response) 등에 영향을 미친다는 것이다.

최근에는 음악감상과 신체 이완법이 인간의 면역체계에 긍정적 영향을 미친다는 연구가 미국 템플 대학의 딜레오 머란토 교수팀에 의해 밝혀졌다. 이런 연구 결과는 음악치료가 암환자의 면역증가요법의 하나로 사용되는 이론적 근거가 된다. 또 음악은 진통중인 환자의 주의를 통증이라는 부정적 자극으로부터 음악과 연상을 이용한 긍정적 자극으로 이끌어내어 통증을 경감시킬 수도 있다.

이외에도 음악은 안정이 필요한 환자의 신체적 이완 등에 적용되고 있으며, 또 특별히 음악이 인간의 정서적 반응을 일으킨다는 점과 관련하여 질환별, 개인별로 치료음악이 선택되고 있다.

그러면 우리 그리스도인들이 건강을 위해 추구해야 될 음악은 어떠한 것이어야 할까? 그것은 하나님께 영광을 올려드리는 '찬송'이어야 한다.

왜냐하면 우리가 창조된 목적이 하나님께 찬송을 부르기 위해서이기 때문이며(사43:21; 계4:11) 또한 찬송할 때 우리는 질병으로부터 고침을 받고 건강케 될 수 있기 때문이다(시103:1-5).

"오 내 혼아, 주를 찬송하라. ~ 그분께서 ~ 네 모든 질병을 고치시며 네 생명을 멸망에서 구속하시고 ~ 네 젊음을 독수리의 젊음같이 새롭게 하시는도다."(시103:1-5)

ames and John had asked, the

⁴²So Jesus called them together
know that the rulers in this wo
their people, and officials flaun
over those under them. ⁴³But an
be different. Whoever wants
among you must be your servant,
wants to be first among you must
everyone else. ⁴⁵For even the Sor
not to be served but to serve oth
his life as a ransom for many."

Jesus Heals Blind Bartimaeus
⁴⁶Then they reached Jericho, and
disciples left town, a large cr
lind beggar named Barti

of

who

"Hu-
with

en

노동

필자는 주위 사람들로부터 건강해 보인다는 얘기를 자주 듣는다. 그리고 건강유지를 위해 어떠한 운동을 하느냐라는 질문을 종종 받곤 한다. 그럴 때 별 부담없는 사이라면 농담반 진담반으로 '누워서 숨쉬기 운동을 즐겨한다' 고 답을 하기도 한다.

이처럼 우리는 운동을 하여 땀을 흘리는 것이 건강에 매우 중요하다는 사실이 상식으로 통하는 시대를 살아가고 있다. 그렇지만 필자를 포함한 대부분의 사람들이 될 수 있으면 땀을 흘리며 수고하는 것을 귀찮게 여기고, 기왕이면 편안히 쉬고 싶어 한다. 혹 몸을 움직이더라도 땀을 적게 흘리는 것을 선호한다.

특히 성경적으로 노동이 아담의 타락 후 선고된 저주로 말미암은 것이라고 이해하는 경우라면 더욱더 얼굴에 땀을 흘려야 빵을 먹을 수 있다고 하신 하나님의 말씀이 야속하게 생각되기도 할 것이다(창3:19).

그러나 아담의 타락 이전에 하나님께서 우리에게 복을 주신 내용 가운데 '땅을 다스리라'는 말씀이 포함된 것에서 알 수 있듯이 노동은 우리에게 저주가 아니라 복이라는 사실을 바로 인식하여야 한다(창1:28).

그래서 하나님께서 우리에게 복으로 허락하신 노동, 곧 운동을 비롯한 땀 흘림의 모든 활동을 소홀히 하는 것이야말로 우리에게 저주가 됨을 깨달아야 한다.

땀 흘리며 수고함이 모자라게 되면 비만, 고혈압, 심장병, 근력부족에 의한 요통, 과중한 업무 스트레스로 인한 만성피로증후군 등 갖가지 신체적 또는 정신적 이상이 초래될 수 있음은 주지의 사실이다. 그리고 심지어 어린이나 청소년들에서도 운동량이 부족하면 발육에 비하여 체력이 약해져서 각종 질병에 쉽게 노출될 뿐 아니라 어린 나이임에도 비만 등의 성인병에 걸릴 수 있음이 잘 밝혀지고 있다.

따라서 기계문명의 발달로 인해 생활의 편리함이 증대되는 것과 반비례하여 노동 시간이 감소함으로 인간의 신체적 생리기능을 정상적으로 유지하기가 점차 어려워지는 현실을 감안하면, 인위적으로라도 땀을 흘릴 수 있는 운동량을 확보하는 것이 매우 중요하다고 할 수 있다.

개인의 건강과 체력수준에 적합한 운동의 종류와 강도, 시간, 빈도 등을 운동의 진행단계에 따라 적절히 조절해주는 체계적인 운동처방도 받을 수 있으면 좋겠지만, 그렇지 못할 경우라도 노동과 관련된 하나님의 말씀들을 시시때때로 묵상하면서 주님께서 기뻐하실 수 있는 건강한 삶을 추구하여야 할 것이다.

"네 얼굴에 땀을 흘려야 빵을 먹으리니"(창 3:19상)

"누구든지 일하려 하지 아니하거든 먹지도 말라."(살후 3:10하)

"네 손이 수고한 것을 네가 먹으리라. 네가 행복하고 형통하리로다."(시 128:2)

...ues and John had asked, they
42So Jesus called them togethe
know that the rulers in this wo
their people, and officials flaun
over those under them. 43But ar
be different. Whoever wants
among you must be your servant,
wants to be first among you must
everyone else. 45For even the Sor
not to be served but to serve oth
his life as a ransom for many."

of

who

Hu-
with

en

Jesus Heals Blind Bartimaeus

46Then they reached Jericho, and
disciples left town, a large cr
...ind beggar named Barti

일중독

얼 마 전 워싱턴 포스트는 한국인의 '일중독'(workaholic)에 대해 상세하게 보도했다. 한국인들은 미국인과 비교하면 1년에 560시간, 하루 8시간 근무를 기준으로 70일을 더 일한다며 자유시장경제 민주국가들 가운데 가장 업무시간이 길다고 했다.

한국인들은 3분의 2가 스스로 일중독자라고 인정했다는 여론조사 결과와 함께 더 열심히 일하자고 외치는 한국 정치지도자들의 말을 인용 보도하면서, 그럼에도 불구하고 소득은 하위권에 속한다고 지적했다.

비단 이와 같은 보도가 아니더라도 최근 들어 발생한 고유가, 고환율, 고물가의 경제적 압박으로 인해 우리가 더욱더 일중독으로 빠져들 수밖에 없는 상황에 놓이게 되었음은 주지의 사실이다.

그러나 일하는 시간만 늘린다고 해서 생산성이 높아지지는 않으며 오히려 집중력 부족이나 두통, 소화불량, 만성피로 같은 스트레스성 질환들이 생길 수 있고 심지어 역기능 가정도 초래될 수 있음을 간과해서는 안된다.

아울러 일중독도 하나의 질환이라는 사실을 인식하는 것이 중요하다. 특히 일은 고상한 것으로 간주되며 일에 중독이 될수록 직장에서는 더 좋은 평가와 존경을 받는 경향이 있기 때문에 회복이 어려울 수 있음을 알아야 한다.

그래서 조기에 일중독을 식별하여 건강을 잃지 않도록 해야 하는데 대표적인 일중독의 증상은 다음과 같다.

'퇴근 후에도 남은 일거리를 갖고 와서 밤늦게까지 작업하는 일이 잦다. 일이 너무 폭주해서 휴가를 낸다는 것은 생각하기 힘들다. 아무리 늦게 잠들어도 아침엔 일찍 일어난다. 아무것도 하지 않고 휴식을 취하면 안절부절못한다. 다른 사람들이 나를 경쟁의식이 강하고 일에 승부를 건다고 생각한다. 주말이나 휴일에도 일을 해야 마음이 편하다. 언제 어디서나 일할 자세와 준비가 되어 있다. 혼자서 점심식사를 할 때 옆에 서류나 일감을 놓고 보면서 시간을 절약하려고 한다. 매일매일 할 일을 빡빡하게 리스트로 만들어 놓는다. 유일한 취미는 일하는 것이다.'

만일 이런 증상 중 절반이상이 해당된다면 일중독자일 가능성이 높다.

하나님께서는 우리에게 노동을 복으로 허락해주셨지만 우리가 일중독자가 되기를 원하시지는 않는다(창3:19; 시128:2; 살후3:10; 전3:22). 오히려 하나님께서는 우리의 일과 노동이 단순히 일이 아니라 예배이며 사명임을 깨닫기 원하신다(롬12:1).

그러므로 일중독이라고 진단이 되었다면 최소 하루 7시간의 충분한 수면을 취하고, 하루 일할 분량을 미리 정하며, 하루 10분이라도 좋아하는 활동을 하고, 휴가와 여가도 계획을 세워서 실천하는 등 절제된 삶을 살아가도록 해야 한다.

아울러 수고하고 무거운 짐 진 모든 자들을 초청하시는 예수님께 나아가도록 해야 한다. 왜냐하면 일중독으로부터 벗어난 참된 안식과 자유와 평안은 그리스도 안에서만 누릴 수 있기 때문이다(마11:28; 요8:32; 14:27; 16:33).

"수고하고 무거운 짐 진 모든 자들아, 너희는 내게로 오라. 내가 너희에게 안식을 주리라."(마11:28)

es and John had asked, the

⁴²So Jesus called them together
know that the rulers in this wo
their people, and officials flaunt
over those under them. ⁴³But an
be different. Whoever wants
among you must be your servant,
wants to be first among you must
everyone else. ⁴⁵For even the Sor
not to be served but to serve othe
his life as a ransom for many."

Jesus Heals Blind Bartimaeus

⁴⁶Then they reached Jericho, and
disciples left town, a large cr
blind beggar named Bartin

of

who

"Hu-
with

en

7

휴식

팔월 첫 주. 우리나라에서 가장 많은 사람들이 여름휴가를 가는 시기이다. 그러나 이러한 집단적 휴가 행렬은 자칫 휴식의 본래적 의미를 상실한 '피곤한 휴식'으로 이어지곤 한다.

고속도로에서 시간을 많이 보내고 휴게소에서 인스턴트식품으로 허기를 때우고, 유원지에서 기름진 음식과 술을 배불리 먹는 것은 휴식이 아니라 노동에 가깝다.

이러한 피곤한 휴식은 오히려 건강에 치명적일 수도 있다. 의학적으로 보면 외부 자극에 민감하게 반응하는 교감신경이 쉬지 못하고 계속 활동하게 된다. 그래서 동공이 확대되고 심장박동이 빨라지며 얼굴이 창백해지는 등 중노동을 한 것과 같은 상태가 된다.

그렇다보니 휴가를 다녀온 뒤 일상의 리듬이 깨지고 업무에도 지장이 생기게 되는 것이다.

그렇다면 '제대로 쉬었다'고 할 수 있는 휴식은 어떠한 것일까? 정신의학적으로는 '세로토닌 호르몬의 활성화'를 도모하여 뇌에서 고등 정서를 느끼고 사고를 담당하는 전두엽을 잘 관리해주는 것이라고 할 수 있다.

아드레날린이나 엔돌핀과 같은 호르몬을 중재하는 세로토닌은 조절호르몬이라고도 불려지는데 전두엽에 작용하여 사람에게 원기와 생기를 돌게 해준다. 즉 사랑할 때나 잔잔한 기쁨을 느낄 때나 리드미컬한 운동을 할 때 분비되는 세로토닌이 활성화되도록 하는 것이 '건강한 휴식'이라 할 수 있다.

성경도 우리에게 일상생활에서 적당한 휴식이 필요함을 곳곳에서 언급하고 있다(신5:12-14; 왕상19:4-8; 시127:2; 막6:31).

그런데 우리는 특별히 하나님께서 엿새 동안 창조사역을 마치시고 일곱째 날 안식을 취하심으로 우리에게 휴식의 본을 보여주셨음을 기억해야 한다(창2:3; 막2:27).

또한 안식일은 하나님의 창조를 기념할 뿐 아니라 끝없는 인간의 탐욕을 제어하여 인간에게 행복과 건강을 주기 위한 것임을 잘 인식해야 한다. 주지하다시피 노동에 따르는 휴식은 몸과 마음의 피로를 풀어주고 에너지를 회복시켜주며 인간의 삶을 풍요롭게 만드는 필수요소이기 때문이다.

아울러 우리는 '영원한 안식'에 대한 약속을 늘 기억해야 한다(히4:1-11).

즉 새 하늘과 새 땅이 펼쳐져 모든 눈물이 씻어지고, 다시는 사망과 슬픔과 울부짖음과 아픔이 없게 될 그 날이 되어야 '참된 휴식'이 이뤄질 수 있음을 잊지 말아야 한다(계21:1-7).

이제 우리를 참된 휴식으로 이끄시는 예수님의 초청에 다시 한번 귀를 기울이도록 하자.

"수고하고 무거운 짐 진 모든 자들아, 너희는 내게로 오라. 내가 너희에게 안식을 주리라."(마11:28)

BEST
HEALTH *from*
BIBLE

02 가정

1

독신생활

지난 달 통계청이 발표한 '2005~2030년 장래가구 추계결과'에 따르면 우리나라 총 가구 수는 독신가구, 1~2인 가구의 증가세 등에 힘입어 2030년에는 올해보다 300만여 가구가 늘어날 것으로 예상이 된다. 이는 독신주의자들의 증가와 함께 만혼 및 이혼율의 증가, 그리고 기러기 아빠처럼 가족과 떨어져 혼자서 살아가는 가장들이 급격히 늘어가고 있는 세태를 확인해 주는 지표라 할 수 있다.

그런데 이처럼 혼자 살아가는 것이 대수롭지 않게 여겨지는 요즈음, 오히려 독신을 부추기기까지 하는 교계 안팎의 주장들도 제법 듣게 된다. 그러나 독신생활은 우리의 육적, 영적 건강에 모두 해가 됨을 알아야 한다(창2:18; 딤전4:3; 5:14).

"주 하나님께서 이르시되, 남자가 홀로 있는 것이 좋지 못하니 내가 그를 위하여 합당한 협력자를 만들리라, 하시니라."(창2:18)

최근 독신생활이 흡연보다 더 건강에 나쁠 수 있다는 영국 워릭대학교의 연구결과를 비롯하여 독신생활이 우리의 몸에 갖가지 이상을 초래한다는 많은 연구보고들이 쏟아져 나오고 있다. 왜냐하면 기혼자의 경우 사회적 지지자로서 배우자가 스트레스를 덜어주고, 건강한 생활습관을 갖는 데 도움을 주는 반면 독신자는 상대적으로 나쁜 생활습관에 물들기가 쉽기 때문이다(전4:9-12).

보통 독신생활을 하게 될 경우 가장 문제가 되는 것이 불규칙한 생활과 장기간 혼자 지내면서 생기는 외로움이다.

독신 남성들의 경우 먼저 식생활이 불규칙해지기 쉬운데 단순히 식사를 한끼 때운다는 생각으로 지내다 보면 자신도 모르는 사이에 영양섭취의 불균형을 초래할 수 있다. 그리고 인스턴트식품을 많이 먹다보면 비만을 비롯한 고혈압, 당뇨병 등 각종 성인병의 위험도 높아지게 되고 또 불규칙한 식사로 인해 위염, 위궤양 등 소화기 질환도 잘 발생할 수 있다.

또 신실한 그리스도인이라면 그렇지 않겠지만 혼자라는 이유로 잦은 술자리를 가질 개연성이 높아진다. 그래서 필요 이상으로 칼로리 섭취량을 높여 비만이 될 수 있으며, 알코올로 인해 간질환 등 건강을 쉽게 해칠 수 있다.

아울러 혼자라는 심리적 소외감과 스트레스가 쌓이게 되면 심한 경우 우울증을 유발하며, 극단의 경우에는 자살까지 이어지게 된다.

　미국 워싱턴 대학의 토머스 홈스 박사와 리처드 라헤 박사가 고안한 '스트레스 지수'(life change scale; stress scale)에 따르면 43개의 스트레스 항목 중 어느 것보다도 강도가 높은 세 가지가 '독신'과 관련된 내용이었다. 즉 배우자의 죽음(100), 이혼(73), 별거(65) 등 독신생활에 대한 항목들이 수감(63), 근친 사망(63), 실직(47) 등 우리가 심한 스트레스라 생각하는 다른 항목들에 비해 높은 스트레스로 나타났다.

　그런데 이러한 스트레스 점수가 높을수록 병에 대한 저항력이 떨어지고, 질병에 걸릴 확률이 높아지기 때문에 독신생활은 정신적인 스트레스로 인해 신체적 건강에까지 문제를 야기할 수 있게 되는 것이다.

　이런 의미에서 '결혼 후 마누라의 잔소리가 독신자의 자유보다 낫다'는 말이 매우 적절한 표현이라 여겨진다. 아울러 사람이 이 세상을 살아가면서 홀로 있기보다는 넘어질 때 일으켜주고 차가운 가슴을 따뜻하게 만들어 줄 수 있는 동료를 두는 것이 행복한 삶이라는 전도자의 고백이 시대를 초월한 진리임을 다시 한번 확인케 된다(전4:10,11).

　"누구든지 아내를 얻는 자는 좋은 것을 얻고 주의 은총을 얻느니라."(잠18:22)

　"두 사람이 한 사람보다 나음은 그들이 자기들의 수고로 인하여 좋은 보상을 소유할 것이기 때문이라."(전4:9)

2

근친혼

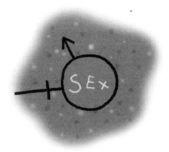

얼마 전 호주의 한 남성이 자신의 딸과 7년 넘게 근친상간 관계를 유지해 온 것으로 드러나 호주 사회는 물론 전 세계인들에게 큰 충격을 주었다.

이 같은 사실은 이 남성이 무장 강도 혐의로 법정에서 심문을 받던 도중 밝혀졌는데 이들 사이에는 현재 한 살 난 딸이 있으며 2001년에 태어난 첫아이는 출생 후 며칠 만에 선천성 심장병으로 사망한 것으로 알려졌다. 법원은 이들의 근친상간을 불법으로 판결내리고 앞으로 성관계를 하지 못하도록 3년 동안 감시하기로 하였다고 한다.

이처럼 어떤 사회에서나 근친자의 통혼은 금기로 되어 있는데 그 이유는 무엇보다도 유전학적으로 심각한 문제가 생길 수 있기 때문이다.

정상적인 사람도 유전병과 관계가 있는 해로운 열성 유전자를 4~8개 가지고 있다. 비록 해로운 열성 유전자가 있어도 대부분 보인자이기 때문에 건강하게 살 수 있지만, 근친결혼을 하면 보인자인 부모에게 감춰져 있던 해로운 열성 유전자가 그 자손에서 동형이 되어 표현형으로 나타날 가능성이 매우 커진다.

아울러 한 개체군에서 동종교배가 20세대 동안 계속되면 각 개체는 유전적으로 모두 동일하게 되어 그 개체군의 적응 능력은 매우 낮아진다. 따라서 그 개체군은 환경 조건에서 변화가 일어나면 적응하는 데 탄력성을 잃어버리게 되어 교배개체군들 간에 자연도태가 잘 일어나게 된다.

그런데 왜 하나님께서는 모세에게 율법을 주시기 전에 근친혼을 허락하셨을까?

가인도 분명 아담이 낳은 많은 누이들 가운데 한 명과 결혼을 하였을 것이고, 아브라함은 자신의 배다른 동생인 사라를 아내로 삼았으며, 이삭은 삼촌 나홀의 손녀인 리브가 즉 오촌하고 결혼을 하였고, 야곱도 외삼촌 라반의 딸인 라헬과 레아 즉 사촌 두 명과 동시에 결혼을 하였다(창4:17; 5:4,5; 20:12; 24:15,24; 29:12,23,28).

그렇지만 이 같은 근친혼은 어느 정도 인류가 번성하여 자리를 잡기까지 '다산하고 번성하여 땅에 충만하라' 고 하신 하나님의 명령을 수행하기 위해 불가피한 방법이었다(창1:28; 9:1).

그리고 근친혼은 시간이 지남에 따라 점차 줄어들게 되다가 모세의 때에 율법으로 금지되는데, 이는 사회적인 안정을 얻기 위한 목적도 있지만 근친혼을 통한 유전적인 위험성도 상당히 커졌기 때문이다(레18:6-10; 20:10-21; 신27:20-23).

왜냐하면 노아홍수 이후 궁창 위의 물이 제거됨으로써 몸에 해로운 우주복사선이 증가하여 유전자의 돌연변이가 잘 일어나게 되었기 때문이다. 또한 이 돌연변이는 다음 세대에 전달되며 시간이 지남에 따라 축적되기 때문이다. 그래서 홍수가 끝난 지 얼마 되지 않았을 때, 즉 유전자 돌연변이가 덜 축적되었던 족장시대까지는 한동안 가까운 친척과의 결혼이 가능했던 것이다.

이제 '올드 보이'의 시대를 살아가고 있는 우리들에게 말씀하시는 하나님의 음성에 다시 한번 귀를 기울이도록 하자.

"너희 가운데 아무도 가까운 친족에게 다가가서 그들의 벌거벗음을 드러내지 말라. 나는 주니라."(레18:6)

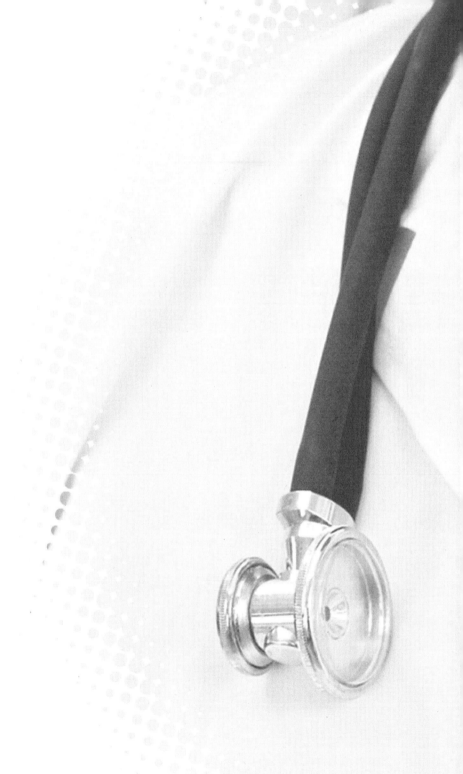

동성애

여 성으로 살다 성전환수술을 거쳐 법적으로 남자가 된 34세의 한 미국인이 지난 주 여아를 출산했다.

동성애 전문 잡지 '디 애드버킷'(옹호자)에 '사랑의 출산'이란 제목으로 기고를 하면서 알려지기 시작한 이 임신한 남자(?)는 오프라 윈프리의 토크 쇼에 출연하여 "아이를 갖는 것은 남자나 여자의 소망이 아니라 인간의 욕구이기 때문에 나의 생물학적 아이를 가질 권리가 있다"고 말한 대로 자신의 소원을 이루게 되었다.

이제까지 동성애에 대해 알려져 왔던 다양한 스펙트럼을 총정리하는 듯한 이번 사건을 보면서 정말 동성애는 이 출산한 남자를 비롯해 동성애인권운동가들이 주장하는 대로 정상적이고 건강한 것인지 한번 살펴보고자 한다.

우선 동성애는 선천적인 것이 아니다. 동성애 유전자에 대한 어떤 발견도 이루어진 바 없으며, 일란성 쌍둥이에서의 연구결과도 마찬가지이다. (또 동성애가 선천적이라면 절대 치유가 일어날 수 없음에도 불구하고 상당수가 정신과 상담 또는 신앙의 힘으로 치유되고 있다.)

알프레드 킨제이 등에 의해 세워진 성연구원의 공식 간행물의 보고에 의하면 대부분의 동성애자들은, 특히 게이들은 수많은 섹스파트너를 갖고 난교(亂交)를 즐기는 것으로 나타났다.

의학적으로는 동성애자들에서 예견되는 성행위로 인해 구강, 폐, 전립선, 남자성기, 쓸개. 항문, 직장, 결장, 여자성기, 자궁, 골반, 뇌, 피부, 혈액, 면역시스템 등 여러 신체시스템에 갖가지 질병이 발생하게 된다.

동성애가 에이즈에 매우 취약한 것은 주지의 사실이다. 그런데 최근에는 감염자의 살을 파먹는 메티실린 내성 황색포도상구균(MRSA)의 새로운 변종이 미국 샌프란시스코와 보스턴의 게이들을 중심으로 빠르게 확산되고 있기도 하다.

그러나 동성애는 이처럼 신체적 이상들을 잘 일으키는 것뿐 아니라 영적으로 심각한 침해를 일으키기 때문에 더욱더 문제가 됨을 알아야 한다.

동성애자들이나 동성애 옹호론자들은 하나님(God)이라는 단어를 적절히 인용하기도 하지만 궁극적으로 창조주 하나님을 배격한다(창1:27). 대신 그들은 대부분 진화론을 동성애의 토대로 삼는다(딤전6:20).

또한 성경이 동성애가 가증스런 죄악임을 강조하고 있음에도 불구하고 이를 부인한다(레18:22; 20:13; 왕상14:24; 롬1:26,27; 고전6:9; 딤전1:10; 유다7). 결국 죄란 존재하지 않기 때문에 구원은 필요하지 않다고 주장하는 것이다(요일1:8).

아울러 그리스도와 교회의 신비를 부정한다(엡5:22-33). 그래서 그리스도의 신부인 교회가 신랑 되신 그리스도의 재림을 바라지 못하게 한다(딛2:13; 계19:7,8; 22:20).

이제 동성애가 영육 간에 치명적임을 잘 인식하여 동성애의 영향력 하에 있는 이들을 참 건강의 길로 인도하도록 하자(약5:19,20).

"어떤 길은 사람이 보기에 옳으나 그 끝은 사망의 길들이니라."(잠16:25)

성폭행

요즈음 동방예의지국이란 말이 무색할 정도로 연일 성폭행 뉴스가 매스컴을 달구고 있다. 특히 어린 초등학생에서부터 연로한 할머니에 이르기까지 무차별로 성폭행을 당하고 있고 집단적이며 조직적인 성폭행까지 만연한 것을 보면 정말 역사의 수레바퀴가 멈출 날이 얼마 남지 않았음을 실감하게 된다(딤후3:1-5).

성폭행은 남녀 모두 자신의 의지와 상관없이 강압에 의해 성적 행위가 이루어지는 경우를 말하는데 만일 성폭행의 희생자가 된다면 경찰에 신고하는 즉시 병원에 가서 진료를 받아야 한다.

목욕은 물론 양치질도 하지 말고 옷도 갈아입지 말고 바로 진료를 받는 것이 중요하다. 왜냐하면 옷이나 몸에서 떨어진 체모나 가해자의 피부가 남아 있을 수 있는 손톱 등이 조사대상이 되기 때문이며 또한 조기 진료를 통해 신체적, 정신적 안정을 빨리 찾을 수 있기 때문이다.

성폭행을 당하게 되면 출혈, 외상, 성병 등과 같은 신체적인 문제뿐 아니라 전쟁이나 자연재해를 직접 경험할 때 받는 것과 같은 '외상 후 스트레스 증후군'이 생기게 된다.

집중력 장애, 학업 부진, 불면증, 악몽에 시달림, 식욕 감퇴 등의 행동장애가 나타날 수 있고 불안감, 수치심, 혹은 심한 자책감과 우울증에 시달리게 된다. 흔히 편두통이나 신체 하부통증, 피부병과 같은 정신신체 증상을 나타내기도 하며 때로는 분노와 증오심을 자신에게 돌려 자신의 신체를 학대하는 경향을 보이기도 한다.

성폭행은 다른 행동의 유발원인과 마찬가지로 '마음'의 상태가 '폭력'이라는 모습으로 드러나게 된 것에 불과하다(잠23:7상). 사실 인간은 누구나 다 폭력적 성향을 갖고 있으며 스스로는 결코 선을 행할 수 없는 존재이다(렘 17:9; 막7:20-23; 롬3:10-12). 그래서 성폭행을 포함한 인간문화의 모든 폭력적인 모습은 인간의 본성 곧 폭력적 성향을 그대로 반영하고 있는 것이다.

성경에도 이와 같이 잘못된 마음으로부터 연유한 성폭행들이 소개되고 있다. 소돔에서 시도된 집단 동성애적 성폭행을 위시하여 롯의 두 딸이 롯에게 행한 성폭행, 야곱의 딸 디나가 당한 성폭행, 벨리알의 아들들이 레위 사람의 첩에게 행한 성폭행, 다윗의 맏아들 암논이 이복누이 다말에게 행한 성폭행과 이후 압살롬이 서모들에게 행한 성폭행 등이 언급되고 있다(창19:4-11,30-38; 34:1-5; 삿19:22-28; 삼하13:6-14; 16:20-23).

그런데 하나님께서는 이 모든 성폭행들을 철저히 심판하셨으며 또한 악은 어떤 모양이라도 버리라고 명령하셨음을 우리는 기억해야 한다(신22:25-27; 창19:23-25; 습2:9; 창34:25-31; 삿20:12-48; 삼하13:28,29; 18:9-17; 살전5:22).

따라서 우리는 성폭행에 대해 엄정한 법집행을 해야 하며 아울러 성폭행을 부추기는 안방까지 침투한 갖가지 음란문화들을 빠짐없이 제거해야 한다. 그리할 때 진정 성폭행으로부터 해방된 아름답고 건강한 사회가 이뤄지게 될 것이다.

"결혼은 모든 것 가운데 존귀한 것이요 잠자리는 더럽히지 말아야 하거니와 음행을 일삼는 자들과 간음하는 자들은 하나님께서 심판하시리라."(히13:4)

"악의 모든 모양을 삼가라."(살전5:22)

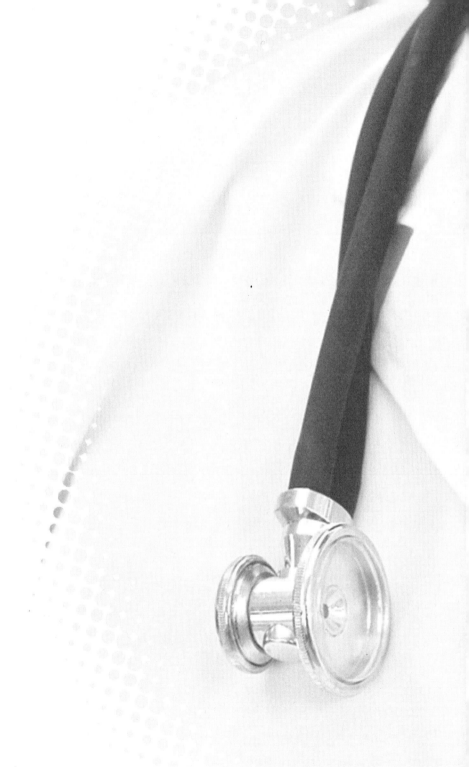

5

아동학대

최근 발간된 '2007년도 전국 아동학대 현황보고서'를 보면 아동학대 신고 건수는 9,478건으로 전년대비 6.5% 증가했고 학대아동 보호건수도 5,581건으로 7.3% 늘었다. 또 아동학대 열 중 여덟이 가정에서, 그것도 부모에 의해 자행되고 있으며 구타에 정서적 학대까지 일삼는 가해자의 절반이 친아버지고 피해아동의 절반이 거의 매일 학대를 당한다고 하였다.

그러나 우리나라에서 아동학대에 대한 신고율이 선진국에 비해 턱없이 낮은 사실을 감안하면 실상은 이보다 훨씬 더 심각할 것으로 추정되고 있다.

아동학대가 문제가 되는 것 중에 하나는 학대에 따른 상처가 학대받는 당시로만 끝나지 않는다는 데 있다. 어린 시절의 아픈 기억은 어른이 되어서도 쉽게 털어버리지 못한다. 주지하다시피 학대받은 사람이 되레 남을 학대할 확률이 높다. 또한 맥길대 연구팀이 '플로스 원' 지에 발표한 대로 자살을 시도하게 하는 위험인자가 아동기 학대에 의해 유발되기도 한다.

그러므로 아동학대는 적극적으로 대처하여 발본색원을 해야 할 의학적, 사회적 아젠다인 것이다. 그래서 지난 달 LA에서 훈육을 목적으로 아들에게 회초리를 든 30대 한인 부부가 아동학대 혐의로 체포되기도 하였던 것이다.

이처럼 자녀에게 매를 들면 아동학대가 된다는 주장이 점점 일반화되어 가고 있는 것이 오늘의 현실이다.

그러나 성경은 아이를 이해하고 배려하고 자신감을 키워주고 사랑으로 감싸는 구체적인 방법으로써 오히려 '회초리'를 소개하고 있다(잠10:13; 13:24; 19:29; 20:30; 22:15; 23:13,14; 29:15).

필자는 두 자녀를 키우면서 회초리를 무척 많이 들었다. 아이들이 잘못하였을 때 성경(특히 잠언)을 읽고 회초리로 징계한 후 같이 기도하고 마무리를 하곤 하였다. 욕을 하거나 직접 손발을 이용한 체벌을 한 적은 없었다. 그 이유는 성경이 그렇게 하라고 가르치기 때문이었다(잠22:6; 29:17).

그런데 사랑의 매와는 상관없는 신체적 학대나 성적 학대, 비기질적 성장장애 등이 발생하면 먼저 그 학대받은 아동을 보호해야 한다. 자신을 보호할 능력이 없는 연약한 사람들을 보호할 책임이 언제나 사회에 주어졌음을 기억하고 최선을 다해 그들을 돌보아야 한다(출22:21-27; 마25:31-46).

그리고 가해자에 대한 윤리적 책임을 반드시 물어야 한다(엡5:11; 딤전

5:20; 눅17:3). 이때 가해자는 자기가 지은 죄를 확실히 뉘우치고 회개해야 한다. 왜냐하면 회개를 통해서만 변화가 일어날 수 있기 때문이다(겔 18:31,32).

그러나 예방보다 좋은 치료는 없다. 아동학대를 예방하기 위해서는 무엇보다도 성경적 가족관계를 이루어야 한다(엡5:22-25,28; 6:1-4). 남편에게 복종하는 아내, 아내를 자기 몸같이 사랑하는 남편, 부모에게 순종하는 자녀, 성경말씀대로 자녀를 양육하는 부모가 될 때 아동학대와 같은 가정폭력은 결코 일어나지 않을 것이다.

"또 너희 아버지들아, 너희 자녀들을 노엽게 하지 말고 오직 주의 교육과 훈계로 양육하라."(엡6:4)

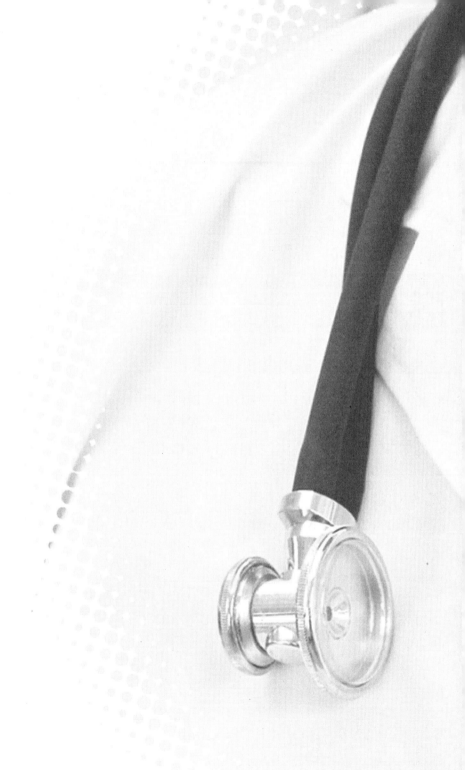

6

태교음악

크리스마스 캐럴이 울려 퍼지고 있다. 극심한 불경기로 인해 분위기가 예년보다 못하지만 그래도 캐럴 덕분에 성탄절이 다가옴을 느끼게 된다.

온 우주의 왕이시며 유일한 구원자이신 예수님(딤전6:15; 계17:14; 19:16)의 탄생을 기리고 예비하는 크리스마스 캐럴처럼 한 생명의 소중한 탄생을 위한 태교음악이 인류역사 이래 사용되어 왔다.

그러나 태아도 직접 외부의 소리에 반응하며 그 소리의 영향을 받을 수 있다는 사실이 1935년에 존탁과 왈래스에 의해 처음 밝혀진 이후 태교음악의 중요성이 더욱 강조되기 시작하였으며, 아울러 소리 또는 음악이 태아에 직접적으로 미치는 영향에 대한 많은 의학적 연구발전이 이루어져 왔다.

아기가 태어난 후 자기 자신을 행복한 사람으로 보느냐, 슬픈 인간으로 보느냐, 공격적인 사람으로 보느냐, 나약한 사람으로 보느냐, 안정된 사람으로 보느냐, 불안한 사람으로 보느냐 하는 것은 아기가 엄마 자궁 속에 있을 때에 받은 음악적 메시지에 의해서 영향을 받을 수 있다. 그러면 과연 어떠한 음악을 태아에게 들려줄 것인가?

임신 중 음악감상은 태아의 머리에 소리가 새겨져서 그것이 프로그램화되는 것일진대 정말 신중을 기해 음악을 선택하며 볼륨이나 감상환경 등도 최적의 조건이 되도록 해야 한다.

일반적으로 건강하고 똑똑하고 예술적 감수성이 풍부한 아기를 낳으려면 너무 자극적이지 않으면서 아름답고 조용한 고전음악을 듣는 것이 좋다고 알려져 있는데 피로하지 않게 쉬엄쉬엄 편안한 마음으로 들어야 한다. 그러나 고전음악이라 할지라도 급격히 음향이 커지는 심포니의 경우에는 태아의 심박동을 변하게 하므로 태교음악으로 적합하지 않으며 일부 고전음악의 경우 영적으로 문제가 있음도 알아야 한다.

또한 록 음악은 볼륨 자체가 큰 것뿐 아니라 리듬이나 가사의 메시지가 영적으로 해를 끼칠 수 있으므로 태교음악으로 사용되어서는 곤란하다.

그리고 모든 음악에는 음악을 만든 사람의 사상과 가치관이 녹아져 있게 마련이므로 태교음악을 고를 때에도 음악을 만든 사람의 세계관과 음악이 만들어진 목적을 반드시 확인해야 한다.

유명한 음반회사에서 제작했으니까, 이름 있는 사람이 작곡한 음악이니까 하면서 별 생각 없이 태교음악을 듣다 보면 부지불식간에 영적 침해를 당할 수가 있다. 아무리 많은 사람이 칭송하는 음악이더라도 또는 어떠한 매혹적인 선전 글귀가 적혀 있더라도 심각한 영적 폐해를 초래할 수 있는 태교음악도 있음을 잊지 말아야 한다(고후11:13-15).

태아는 분명 영혼을 소유한 고귀한 인격체이다. 우리는 태아가 예수님처럼 모체 내에서 건강하게 자라 순산되며 또 튼튼하고 지혜로운 아기로 커가기를 바라는 동시에 그 영혼이 순결하게 피어오르길 기도하며 태교음악을 들어야 할 것이다.

"아이가 자라며 영이 강하게 되고 지혜가 충만하며 하나님의 은혜가 그 위에 있더라."(눅2:40)

7

회춘(回春)

계절의 여왕 5월이 왔다. 곳곳에서 봄기운이 넘쳐나고 있다. 왕성한 수정활동을 보이는 자연계에서 뿐 아니라 황금연휴기간 성형을 통해 젊음을 되찾아보려는 회춘족에게서도 완연한 봄을 느낄 수 있다.

최근 들어 웰빙과 건강이 행복의 기본 조건으로 떠오르면서 이와 같이 적극적으로 회춘을 시도하는 사람들이 늘어가고 있다. 단순히 몸매와 피부 관리 등을 통해 젊음을 유지하려던 과거와 달리 회춘은 현대의학의 발달과 함께 놀랄 만큼 구체적인 성과를 구가하게 되었다.

그래서 이제는 노화가 생리적 자연현상이 아니라 관리해야 할 질병이라는 말까지 나오게 되었는지도 모른다.

수많은 의학적 기술들과 약제들이 중요한 회춘법으로 소개가 되고 있는데 이 중 가장 선두주자격인 회춘법은 '비아그라' 라 할 수 있을 것이다. 잘 알려졌다시피 비아그라는 원래 협심증 치료제로 개발된 것이었으나 임상실험 과정에서 발기에 탁월한 효과가 있는 것으로 밝혀져 발기부전 치료제로 쓰이게 되었다.

이후 비아그라의 폭발적인 인기에 편승하여 시알리스, 레비트라, 자이데나, 야일라, 엠빅스 등등의 발기부전 치료제들이 국내외에서 개발되어 회춘을 열망하는 많은 이들에게 애용이 되고 있다.

그러나 이와 같은 약제는 심혈관계와 시력 등에서 부작용이 나타날 수 있으며 심지어 사망에까지 이르렀던 경우도 보고가 되고 있기 때문에 반드시 의사와 상담한 후 복용하여야 한다.

그런데 성경 속에서는 비아그라의 효과와는 완전히 차원이 다른, 완벽하기 이를 데 없는 한 회춘의 사건이 소개가 되고 있다(창18:9-15; 21:1-8).

아브라함과 사라는 연로하여 아이를 낳을 수가 없었다. 사라는 여인들의 관례에 따른 것이 멈춘 상태였다(창18:11). 그러나 하나님께서는 폐경이 된 사라의 난소에서 다시금 배란이 되게 하셔서 이삭이 태어나도록 하셨다(창 21:1-3). 그리고 하나님께서는 아브라함이 137세에 사라와 사별한 후 재혼을 하여 아들을 무려 6명이나 더 낳을 수 있도록 아브라함에게도 회춘을 허락하셨다(창17:17; 23:1; 25:1-4).

그러면 왜 하나님께서 아브라함과 사라에게 이와 같은 초자연적인 회춘을 허락하신 것일까? 그 까닭은 세상의 방법이 아니라 오직 하나님의 방법으로 생명의 열매가 맺혀질 수 있음을 그들에게, 또한 그들과 동일한 믿음을 소유한 모든 하나님의 자녀들에게 보여주시기 위함이었다(롬4:16-25: 갈3:5-9).

아울러 아브라함처럼 그리스도를 믿는 모든 이들이 이 세상을 살아가면서 날마다 회춘하는 놀라운 복을 덤으로 주시기 위함이었다(롬4:23,24; 고후 4:16; 갈3:14).

이제 우리도 이와 같은 믿음을 소유하여 매일매일 회춘의 복을 누리는 건강한 삶을 살아가도록 하자.

"이런 까닭에 우리가 낙심하지 아니하노니 우리의 겉 사람은 썩어 없어져도 속사람은 날마다 새로워지는도다."(고후4:16)

BEST
HEALTH *from*
BIBLE

03 질병

장바이러스 | 치질 | 폐병 | 한센병 | 불면증 | 졸음 | 화병

1

장(腸)바이러스

AP 통신에 따르면 지난 3월말 중국의 안후이 성에서 퍼지기 시작한 장(腸)바이러스 전염병은 이달 14일 현재 중국 전역에서 2만 7,500명이 걸린 것으로 집계됐으며, 이 가운데 치명적인 장바이러스인 '엔테로바이러스 71' (EV71)에 감염된 어린이 환자 43명이 사망했다고 한다.

그리고 이러한 장바이러스는 대지진 피해지역인 쓰촨 성에까지 번졌으며 또 외곽지역인 홍콩과 마카오, 몽골, 타이완까지 확산하고 있어 국내에도 퍼지지 않을까 우려되고 있다. 그래서 6월1일 몽골 울란바토르에서 열릴 예정이던 '2008 한·몽골 문화축제 한마당'이 현지에 퍼지고 있는 중국발 장바이러스 때문에 취소되기도 하였다.

일반적으로 바이러스는 감기의 경우에서 알 수 있듯이 별 치료를 받지 않더라도 시간이 지나면 회복되는 것이 대부분이다. 그럼에도 바이러스가 세균보다 치료에 더 어려운 까닭은 세균과 달리 세포 속에서만 증식하므로 바이러스만 죽이려다 정상 세포까지 상하게 할 수 있기 때문이다.

게다가 바이러스가 더 무서운 건 쉽게 변종을 일으키기 때문이다. 에이즈나 AI를 비롯해 장바이러스는 RNA 바이러스인데 일반적으로 이들 바이러스는 증식 과정에서 잘못되면 고치는 능력이 없어 변종이 많게 된다. 베이징 올림픽을 앞둔 중국 위생당국이 긴장하고 있는 이유도 장바이러스의 변종인 '엔테로바이러스 71'에 감염돼 사망한 사례가 나왔기 때문이다.

출애굽기를 보면 현재 중국에서 폭발적으로 발생하고 있는 장바이러스 감염과 비슷한 상황이 나온다(출9:8-12). 그런데 물집을 내며 터지는 종기는 이집트 사람들에게만 발생을 하였고 이스라엘 사람들에겐 나타나지 않았다.

물론 이것은 하나님의 특별한 섭리 가운데 그렇게 된 것이지만 바이러스 감염의 예방이라는 측면에서는 시사하는 바가 있다. 즉 똑같이 바이러스에 노출이 되었더라도 예방조치를 하면 질병이 생기지 않을 수도 있다는 사실이다.

장바이러스는 대변에 많이 있으므로 용변 후나 아기 기저귀를 간 뒤에도 꼭 손을 씻는 것이 중요하다. 특히 지금처럼 장바이러스가 유행하는 시기에는 외출 후 귀가하면 손을 씻고 소금물 양치를 하는 것이 좋다.

장바이러스뿐 아니라 감기, 식중독, 여름철 수인성 질환, AI 등 대부분의 전염성 질병 예방에 필수적인 것이 바로 '손 씻기' 다. 왜냐하면 손은 신체 가운데 각종 유해 세균과 가장 많이 접촉하는 곳이며 가장 많은 병균 창고이자 질병의 온상이기 때문이다.

그런데 성경을 보면 현대의학보다 수천 년 앞서서 질병 예방을 위한 '손 씻기' 의 중요성이 강조되고 있다(레17:15,16). 아울러 전염병을 억제하기 위해 격리조치를 취해야 하고 배설물은 폐기처분해야 하는 등 세부적인 예방의학지침이 언급되고 있다(레13:46; 신23:12,13).

이제 갖가지 전염성 질환이 창궐하게 될 무더운 계절을 맞이하면서 하나님께서 질병 예방을 위해 알려주신 놀라운 건강지침들을 적극적으로 실천하는 지혜로운 삶을 살도록 하자.

"이는 주께서 지혜를 주시며 그분의 입에서 지식과 명철이 나오기 때문이니라."(잠2:6)

2

치질

환절기인 요즈음 주변에서 감기 환자들을 제법 보게 된다. 그래서 열이 나고 온몸이 두들겨 맞은 듯 욱신거리면 몸살감기라고 쉽게 생각하게 된다.

하지만 치질도 처음에는 항문 쪽에 별 문제가 없이 몸살 같은 증상이 나타나기 때문에 단순히 감기약을 먹고 지내다가 병을 키운 상태에서 진단되기도 한다.

항문의 질환인 치질은 크게 치핵, 치루, 치열 등으로 나누게 된다.

치핵은 항문벽에 있는 혈관조직망과 점막이 부풀거나 늘어져 덩어리가 되면서 발생하는 것으로, 심하면 항문 밖으로 돌출하기도 한다.

치루는 항문 안쪽에 생긴 구멍을 통해 항문 바깥쪽 옆으로 샛길이 뚫려 있는 상태로, 이 샛길을 통해 진물이나 고름이 계속 나오기도 하고 때로는 가스나 변이 새기도 한다.

치열은 항문 괄약근이 좁아지면서 변을 볼 때 찢어지는 질환으로, 심한 경우 변 본 후에도 몇 시간씩 심한 통증을 느낀다. 대개 변비로 인한 딱딱하고 굳은 변이 원인이 된다.

현대인의 경우 의자에 앉아서 일하는 시간이 많아지고 스트레스에다 과음 등 잘못된 생활습관이 늘어나면서 치질도 증가하는 추세다. 국민건강보험공단 자료에 따르면 치질로 진료를 받은 환자가 2001년 15만2천여 명에서 2007년 21만8천여 명으로 40% 이상 늘어났다.

그런데 기원전 1450년경 기록된 신명기에는 이스라엘 백성이 하나님의 말씀을 떠나게 될 경우 받게 될 저주 중 하나로 치질(emerods)이 언급되고 있다(신28:27).

또 사무엘상에는 하나님의 궤를 빼앗아간 블레셋 사람들을 하나님께서 치질로 치시자 그들이 주의 궤를 벧세메스로 돌려보내 치질의 재앙으로부터 벗어나는 사건이 기록되어 있다(삼상5:6,9,12; 6:4,5,11,17).

수천 년 전의 구약시대나 의학이 발달한 오늘날이나 예방보다 중요한 치료는 없다.

이스라엘 사람들이나 블레셋 사람들에게 주어졌던 치질의 예방책은 '하나님의 말씀대로 사는 것' 이었다. 오늘날도 마찬가지이다.

치질을 예방하기 위해서는 먼저 섬유질음식을 충분히 섭취해야 한다(창 1:29). 일차적 에너지원으로서 자연 그대로의 채소, 곡식, 과일 등을 많이 섭취하여 배변이 수월해지도록 해야 한다.

둘째로, 장시간 앉아 있는 것을 피해야 한다(창3:19). 앉아 있을 때는 항문관의 혈관이 확장되기 쉬우므로 육체적 활동을 충분히 해야 한다.

셋째로, 음주를 하지 말아야 한다(잠20:1; 23:31). 음주를 하면 치핵의 혈관도 확장되어 출혈과 통증 등 많은 합병증을 유발하므로 피해야 한다.

넷째로, 평소에 좋은 배변 습관을 가져야 한다(잠1:5; 8:33). 배변시 복압이 올라가면 항문의 혈관이 확장되므로 가능하면 힘을 주지 않고 자연스럽게 장의 수축 작용으로 배변이 이뤄지도록 해야 한다.

"훈계를 들어서 지혜를 얻으라. 그것을 버리지 말라."(잠8:33)

폐병

어제 모처럼 아내와 함께 김태균 감독, 차인표 주연의 '크로싱'을 관람 하였다. 영화를 보는 동안 안타까운 장면들이 너무 많아 흐르는 눈물 을 주체할 수 없었다. 특히 의사로서 관람 내내 마음이 억눌렸던 것은 폐병 (tuberculosis)에 걸렸지만 약이 없어 온 가족이 와해되는 플롯 때문이었다.

잘 알려진 대로 북한에서는 일년에 4만 명 이상의 폐결핵 환자가 발생한 다. 남한의 경우 이보다는 덜 하지만 2006년에 10만 명당 88명의 결핵이 발생하여 OECD 가입국 중 제일 높은 수치를 보이고 있다.

결핵은 인체의 어느 곳에나 발생할 수 있는 급성 또는 만성 감염성 질환이다. 혈류나 임파관을 따라 몸의 어느 기관에나 전파될 수 있는데 폐가 가장 침범을 잘 받는다.

결핵균이 일단 몸에 들어오면 그대로 남아 있다가 과도한 스트레스, 당뇨병, 알코올중독, 영양실조, 규폐증, 면역억제 상태 등 인체가 저항이 약해지면 즉시 번식을 시작하여 병이 나게 한다.

실제로 폐결핵이 발병한 환자는 자신은 모르고 있으면서 자기 가족이나 주위 사람에게 결핵균을 계속 퍼뜨리는 것이 문제이다.

폐결핵은 조기에 발견하여 항결핵제를 복용하는 것이 치료의 첩경이며, 다른 사람에게 전염되는 것도 예방할 수 있다. 적절한 치료를 시작하여 약 2주가 지나면 전염성도 없어진다.

폐결핵은 최소한 6개월 이상 약물을 복용해야 하므로 꾸준히 치료해야 한다. 만약 치료를 소홀히 하거나 불완전한 치료를 하면 결핵균이 약에 대한 내성만 생기고, 만성 활동성 결핵으로 진행되어 잘 낫지 않고 치료가 더 어렵게 된다.

활동성 폐결핵이 성인에서 발병한 경우 치료를 하지 않으면 5년 후 절반 정도는 결핵 때문에 사망에 이르고 20% 정도는 낫지 않은 상태로 남아 있게 된다.

예전에 비해 결핵의 사망률이 많이 줄었지만 아직까지 한국인 사망원인 10위 안에 들어가는 주된 이유는 투약 후 1달 안에 증상이 호전되니까 환자들이 스스로 다 나았다고 생각하여 약을 맘대로 중단해버리기 때문이다(잠 29:1).

성경에도 폐병(consumption)이 언급되고 있다(레26:16; 신28:22). 이스라엘 백성이 하나님의 말씀에 순종하지 아니하고 하나님을 잊을 경우 받게 될 질병 중 하나로 폐병이 등장한다(레26:14-20; 신28:15-22). 그리고 이러한 경우 치료는 불가능한 것으로 묘사된다(신28:22,27,35).

그렇다. 폐병은 처방받은 대로 순종하여 투약을 잘 하면 완쾌될 수 있는 질환이다. 그러나 불순종하여 투약을 제대로 하지 않으면 목숨도 잃을 수 있음을 꼭 기억하여야 한다.

"자주 책망을 받으면서도 목을 굳게 하는 자는 갑자기 멸망을 당하되 치료할 길이 없으리라."(잠29:1)

4

한센병

지난 9월 3일 한국한센복지협회의 창립 60주년 기념식이 있었다. 한때 문둥병 또는 나병이라고도 불렸던 한센병(Hansen's disease)이 현재 인구 십만 명 당 0.12명으로 발생율이 낮춰진 것은 무엇보다 이 한국한센복지협회의 지속적인 활동이 있었기에 가능하였다.

그러나 한센병 환우들에게 의료적, 사회적 재활뿐 아니라 체계적인 의료복지 시스템을 제공하기 위해서는 한 명이라도 국가에서 전적으로 책임을 지는 시스템이 추진되어야 한다.

특히 환우들이 차별과 박해를 받는 경우가 많기 때문에 인격보호와 복지를 확대하기 위해서는 일본처럼 국가에서 모든 것을 관리하는 것이 가장 바람직하다고 볼 수 있다.

그런데 한센병에 대한 편견과 오해는 잘못된 성경적 해석과 적용 때문에 생길 수도 있다.

성경에는 한센병(leprosy)을 진단하고 정결하게 하는 법을 소개한 레위기 13장과 14장 외에도 수많은 곳에서 한센병이 언급되고 있다(출4:7,8; 레22:4; 민5:1-4; 12:1-13; 신24:8; 삼하3:28,29; 왕하5:1-27; 15:1-7; 대하26:16-23; 마8:1-4; 26:6; 막1:40-45; 14:3; 눅4:27; 5:12-15; 17:11-19).

그렇지만 성경에서 말하는 한센병들이 모두 1874년 한센이 명명한 레프라 간균에 의한 것이라고 할 수 없다. 성경에서는 좀더 포괄적인 의미의 피부질환으로 한센병이 사용되고 있음을 알아야 한다.

또한 성경에서 한센병은 전염이 잘되는 부정한 질병으로 되어 있지만 이것은 항생제가 개발되기 수천 년 전의 상황임을 인식하여야 한다(레13:45,46; 민5:1-4; 신24:8; 왕하15:1-7).

오늘날 한센병은 발병하더라도 약을 먹으면 다른 사람에게 병을 옮기지 않으며, 성적인 접촉이나 임신을 통해서도 감염되지 않는다.

아직까지 한센병은 제3군 법정 전염병으로 지정되었지만 격리가 필요한 질환이 아니며, 병형에 따라 다르긴 하지만 꾸준히 약을 먹으면 완치도 가능하다.

더더욱 한센병은 유전병이 아니다. 성경에서는 한센병이 저주의 상징으로 언급되기도 하고 영적으로 죄를 의미할 수 있기 때문에 유전병으로 착각하기도 하는데 한센병은 단지 균이 체내에 들어와 발생하는 감염성 질환일 뿐이다(레13:13; 삼하3:28,29; 롬5:12).

이제 한센병 환우의 집에 계시기도 하셨으며 많은 한센병 환우들을 고쳐주셨던 예수님의 말씀에 귀를 기울이도록 하자(마8:1-4; 26:6; 막1:40-45; 14:3; 눅5:12-15; 17:11-19).

"내가 새 명령을 너희에게 주노니 너희는 서로 사랑하라. 내가 너희를 사랑한 것같이 너희도 서로 사랑하라."(요13:34)

5

불면증

전 세계적인 금융위기 속에 밤잠을 못 이루는 이들이 날로 증가하고 있
다. IMF때보다도 더 힘들다는 실물경제로 인해 불면증의 유병율이
급등하는 환율만큼이나 치솟는 느낌이다.

불면증의 원인은 다양하고 복합적이다. 그러나 일차적인 생리적 원인은 수
면 유도 호르몬인 멜라토닌이 비정상적으로 분비되는 데 있다. 낮 동안에 스
트레스나 불안하고 우울한 감정에 시달리게 되면 멜라토닌 분비 체계에 혼

란이 와 불면증이라는 고통스러운 상황이 초래될 수 있다.

그리고 만성 불면증은 그 자체만으로도 하나의 병일 수 있지만 수면 무호흡증이나 하지불안증후군 등의 신체질환에 따른 이차적인 증상일 수도 있다. 그러므로 불면증이 오래 지속될 경우에는 전문가로부터 정확한 진단을 받아야 한다.

인간은 대략 45세가 넘으면 수면에 영향을 주는 질환이 없더라도 수면 효율이 떨어지고 자다가 깨는 횟수도 증가한다. 그래서 나이가 들면서 생기는 수면의 변화는 생리적인 것으로 이해하고 받아들이는 것이 필요하다.

불면증의 치료와 예방에 대해서는 상식적인 수준의 얘기부터 전문적인 견해에 이르기까지 다양한 방법들이 제시되고 있는데, 이 중 미국수면장애협회(ASDA)에서 제정한 '밤잠을 잘 자는 9가지 원칙'은 다음과 같다.

첫째, 매일 아침 같은 시각에 일어난다. 둘째, 침실에선 잠자기와 성행위만 한다. 셋째, 잠자기 전에 따뜻한 물에 목욕하고 간단한 간식을 먹거나 10분 가량 책을 읽는다. 넷째, 저녁에 규칙적으로 운동한다. 다섯째, 규칙적으로 생활한다. 여섯째, 잠자기 6시간 전엔 카페인이 든 음료를 피한다. 일곱째, 잠자리에 들기 전엔 담배를 피우지 않는다. 여덟째, 낮잠을 규칙적으로 잔다. (하루 15~20분 낮잠을 자면 정신이 맑아지고 기억력이 좋아진다.) 아홉째, 수면제는 3주 이상 복용하지 말고 특히 술과 함께 복용해선 안 된다.

이와 같은 9가지 권고사항은 솔로몬이 불면증의 치료에 대해 언급한 바대로 우리의 수고를 요하는 건전한 지혜가 될 수 있을 것이다(전5:12; 잠3:21-24).

그러나 우리는 무엇보다도 하나님께서는 잠을 통해 우리를 회복시켜주길 원하시며, 사랑하시는 자에게 잠을 주시는 분이심을 알아야 한다(왕상19:2-

8; 시127:2).

그리고나서 '주님을 신뢰하는 자는 평안히 누워 잠을 잘 수 있다' 는 약속의 말씀을 좇아 하나님께 감사함으로 숙면을 요청하도록 하자(시4:5-8; 빌 4:6,7).

"아무것도 염려하지 말고 다만 모든 일에 기도와 간구로, 너희 구할 것을 감사함으로 하나님께 아뢰라. 그리하면 모든 지각에 뛰어난 하나님의 평강이 그리스도 예수 안에서 너희 마음과 생각을 지키시리라."(빌4:6,7)

졸음

주 체할 수 없이 쏟아지는 졸음을 경험해보지 않은 사람은 없을 것이다. 하기 싫은 일을 억지로 할 때나 기타 졸음이 유발되기 쉬운 여러 환경 하에서 자신도 모르게 졸았던 기억이 누구에게나 있겠지만, 자신의 의지와는 무관하게 갑작스럽게 잠에 자주 빠져들 경우 '기면증' 이 아닌지 확인해보아야 한다.

기면증은 보통 중고등학교 시절에 처음 시작된다. 밤에는 물론이고 정신을 집중해서 공부나 일을 해야 하는 낮 시간에도 갑자기 저항할 수 없는 잠이 쏟아진다. 이러한 '수면발작'은 짧게는 30초, 길게는 30분까지 지속되기도 한다. 자고 나면 어느 정도 머리가 맑아지는 것을 느끼지만 조금 지나면 다시 잠이 쏟아진다.

기면증은 심한 졸음 외에도 다른 몇 가지 증상들이 동반될 수 있다. 그 중 특징적인 것이 갑자기 신체 근육에 힘이 빠지는 '탈력발작'이다. 탈력발작은 아주 우습거나 화가 날 때, 곧 감정적인 흥분과 관련되어 잘 나타난다. 또 잠들 무렵 환각(입면기 환각), 잠에서 깰 무렵 환각(출면기 환각), 가위눌림(수면마비) 등의 증상도 생길 수 있다.

기면증 환자는 심하게 졸린 사람이지 양질의 잠을 자는 사람은 아니다. 왜냐하면 밤에 잠을 자는 중에도 낮 동안 있어야 할 각성이 나타나고, 낮에 활동하는 중에도 밤에 나와야 할 수면이 들어오기 때문이다.

기면증은 우리나라에서 약 2만여 명의 환자가 있고, 매년 6백여 명의 새로운 환자가 발생한다고 추산될 정도로 드문 병이 아니다.

그러므로 낮 동안 심하게 졸음을 느끼는 사람이 있다면 단순히 게으르다고 할 것이 아니라 수면-각성에 문제가 있는 것은 아닌지 한번 확인해보아야 한다.

성경에서도 기면증이 의심되는 사람이 등장한다. 사도 바울이 말씀을 선포할 때 유두고라 하는 젊은이가 졸다가 삼층 다락방에서 떨어져 죽었으나 하나님의 은혜로 다시 살아난 사건이 소개되고 있다(행20:7-12).

이 경우에서 보듯 졸음은 사고를 유발하여 사망에 이르게 할 수 있음을 반드시 기억하여야 한다. 특히 영적으로 깨어 있지 못하고 잠에 취해 있을 때 시험에 빠질 수 있음을 잊지 말아야 한다(눅22:46).

아울러 전 세계가 단일 경제권으로 바뀌고 있는 이 말세지말에 우리는 주님께서 분부하신 대로 영적으로 늘 깨어 있어야 할 것이다(막13:36,37; 롬 13:11; 계13:16,17).

졸지도 아니하시고 주무시지도 아니하시는 하나님께서 졸음을 사랑하는 우리에게 하시는 말씀에 다시 한번 귀를 기울이도록 하자(시121:4; 잠6:9-11; 20:13; 23:21; 24:33,34)

"오 게으른 자여, 네가 어느 때까지 자려느냐? 네가 어느 때에 잠에서 일어나려느냐? 좀 더 자자. 좀 더 졸자. 손을 모으고 좀 더 자자, 하면 네 빈궁이 여행자같이, 네 궁핍이 군사같이 이르리로다."(잠6:9-11)

7

화병(火病)

지난 2007년 한 해 동안 직장인들에게 가장 높은 관심을 받은 직장생활 뉴스는 '직장인의 63%가 직장생활로 질병을 앓는다' 는 것이었다. 한 온라인 취업포털 사이트가 남녀직장인 1,315명에게 설문조사를 실시한 결과 이같이 조사되었는데, 이 중에는 놀랍게도 '화병' 등과 같은 스트레스성 질환이 30.4%를 차지한 것으로 밝혀졌다.

사실 화병이란 고부간의 갈등이나 남편의 외도 등 강한 스트레스를 적절하게 해소하지 못하는 한국여성에서 주로 발생하는 '문화결함증후군'의 하나로 알려져 왔다. 그러나 외환위기 이후 10년이 지나면서 직장인들의 정신세계가 불안하고 황폐해짐에 따라 이처럼 직장인들에게서도 주요한 직업병으로 자리매김을 하게 된 것이라 생각된다.

화병은 우리나라에서 100명 중 4명 이상(4.2%)이 걸릴 정도로 흔해서 그런지 대부분은 화병을 대수롭지 않게 생각하고 있다. 그렇지만 방치하면 불면증, 우울증, 편두통, 신경성 위장병, 고혈압, 중풍, 당뇨병 등과 같은 만성질환을 부를 수 있다.

그래서 화병의 치료는 선택이 아니라 필수적인 사항이라 여겨진다. 일반적인 화병 치료법은 속에 뭉쳐 있는 화를 풀어주고 정신기능을 조절하는 데 초점을 맞춘다. 실제 정신과에선 환자가 자신의 고민이나 감정을 모두 털어놓음으로써 '막힌 가슴을 탁 트이게' 만드는 '환기요법'(ventilation therapy)을 사용한다(눅12;2).

그러나 우리 그리스도인들은 이와 같은 방법뿐 아니라 하나님의 말씀을 살펴봄으로써 보다 적극적으로 화병에 대처해야 할 것이다.

성경에서 화병에 걸린 최초의 인물은 가인이었다(창4:5). 가인의 화병은 공개적으로 동생인 아벨과 비교가 됨으로써 받았던 상처에 기인하고 있다. 결국 가인은 아벨을 죽이고 말았는데 가인의 행위가 무서운 것은 살인이라는 결과 때문만이 아니라 그가 사전에 화병을 앓으면서 살인을 묵상해 왔었을 것이라는 사실 때문이다(창4:8; 유11).

따라서 "누구든지 아무 까닭 없이 자기 형제에게 화를 내는 자는 심판의 위험에 처하게 된다"(마5:22)는 예수님의 말씀이나 "누구든지 자기 형제를 미워하는 자는 살인하는 자"(요일3:15)라는 사도 요한의 말씀은 모두 화병을 앓고 있는 이들이 새겨들어야 할 교훈이다.

화병을 극복하는 최선의 방법은 사랑이다(벧전4:8). 또한 화를 불러일으킨 대상을 용서하고 회개하는 것이다(마6:14-15). 다른 사람을 용서한다는 것은 결국 자신의 의지에 달려 있다. 하나님께서 우리를 용서해주심과 같이 자신에게 화병을 가져다 준 상대방을 그리스도 안에서 용서하는 것이 가장 중요하다(엡4:32).

왜냐하면 자신의 내면에 화병이 자리를 잡도록 만든 뿌리를 하나님 앞에서 낱낱이 고백하고 제거하지 않으면 한번 자라나기 시작한 그 뿌리는 계속 자라나서 결국 행동으로 옮겨져 죄를 짓게 할 수 있기 때문이다.

"너희는 화는 내도 죄는 짓지 말며 해가 지도록 진노하지 말고 또 마귀에게 틈을 주지 말라."(엡4:26,27)

BEST
HEALTH *from*
BIBLE

04 먹거리

멜라민 | 술 | 와인 | 피 | 흡연 | 비만 | 채식주의

1

멜라민

최근 중국발 멜라민 공포가 온 세계를 휩쓸고 있다. 중국에서 멜라민이 함유된 분유를 먹고 4명의 어린이가 사망을 했으며 또 4만 명이 치료를 받고 있다는 보도가 있었다.

이후 국내에서도 중국산 분유를 원료로 한 제품들에서 멜라민이 검출되었고, 심지어는 뉴질랜드산 우유단백질 락토페린에서도 미미한 양이기는 하지만 멜라민이 발견되어 뉴질랜드 당국이 수출을 중단하였다고 보도되었다.

멜라민은 주로 플라스틱, 접착제, 주방용조리대, 접시류, 화이트보드, 화학비료 등에 사용되는 공업용 화학물질이다. 그런데 질소함량이 풍부한 흰 결정체이기 때문에 우유에 물과 함께 섞을 경우 검사시 단백질 농도가 진짜 우유처럼 나타나게 된다.

멜라민이 함유된 우유나 유제품을 섭취하여 멜라민에 중독이 되면 소변이 거의 나오지 않거나 혈변 및 불안감을 보일 수 있으며, 심하면 방광결석, 요도결석, 신장염 등이 발생하면서 고혈압도 유발할 수 있다.

특히 수유를 하여야 하는 영아들의 경우 상대적으로 신장기능이 성숙하지 못하기 때문에 멜라민이 함유된 분유를 매일 먹게 되면 농도가 소량이어도 체내에 지속적으로 축적돼 생명까지 앗아갈 수 있다.

일단 멜라민 중독으로 인해 신장질환이 발생하면 소변을 알칼리화시키며 전해질 이상을 교정해야 한다. 또 혈액투석이나 복막투석을 할 수도 있는데 심한 경우 신장결석에 대한 수술을 시행할 수도 있다.

그러나 위대한 하나님의 종이었던 엘리사가 길갈에서 죽에 들어 있던 독을 없앴던 것처럼 멜라민 중독을 완전히 해결할 수 없는 것이 오늘날 의학의 현 주소이다(왕하4:38-41). 그러므로 유제품 외에 멜라민이 주로 사용되는 합성수지 식기 등에 대한 주의가 요구된다.

아울러 차제에 국가적 차원에서 원산지표시제와 식품성분표시제 등을 비롯한 수많은 식품관련 행정사항들도 철저히 점검하여 식품안전에 만전을 기해야 할 것이다.

또한 우리 그리스도인들은 이번 멜라민 파동을 통해 드러난 이 시대의 사조에 휩쓸리지 않도록 해야 할 것이다. 공의의 하나님 대신에 맘몬이라는 우상을 섬기는 세상의 가치관에 물들지 않도록 늘 영적으로 깨어 있어야 한다

(마6:24; 롬16:18; 벧전5:8).

특별히 일상생활 속에서 아무리 사소한 것일지라도 정직하게 상거래를 하며 하나님의 질서를 바로 세워야 할 것이다(레19:35; 신25:13-16; 잠11:1; 16:11; 암5:24; 미6:11). 그리할 때 공의의 하나님께서 매우 기뻐하실 것이다.

"거짓된 저울은 주께 가증한 것이나 공정한 추는 그분께서 기뻐하시는 것이니라."(잠11:1)

2

술

며칠 뒤면 민족 대명절인 설이다. 이 명절 특수를 노리고 중국산 원료를 써서 만든 과실주를 국산 과실주로 둔갑시켜 판매한 사람들이 적발되었다는 보도가 있었다. 이는 국민 1인당 술 소비량이 세계 최고 수준인 우리나라의 현실에 걸맞은 범죄행위라 하겠다.

그런데 정말 심각한 문제는 우리나라의 잘못된 술 문화로 인해 아무리 강조해도 지나치지 않을 술에 대한 해악성이 일반인들은 물론 기독교인들에게도 잘 인식되고 있지 못하다는 사실이다.

술을 마시게 되면 우리 몸에서는 여러 대사 과정이 일어나면서 몇몇 물질들이 과다하게 생성되어 우리 몸에 해를 유발한다. 이 중 '아세트알데하이드'라는 물질은 세포 안에 있는 다양한 효소의 작용을 억제하고 DNA가 손상될 때 복구하는 것을 방해할 뿐만 아니라 간세포에서 글루타티온을 감소시켜 활성산소의 생성이 많아지게 하여 세포 손상을 일으키고 지방의 과산화를 증가시킨다. 그래서 매일 50~500g의 알코올을 섭취할 경우 50%에서 5년 내에 간경화가 발생할 수 있다.

이외에도 식도암, 위궤양, 심장병, 태아알코올증후군 등 각종 질병에 걸릴 확률과 자살, 사고 등의 위험이 술로 인해 높아지는 것은 잘 알려져 있는데, 최근에는 뇌졸중 위험도 증가한다는 연구결과가 나왔다. 즉 미국 툴레인대학 연구팀이 중국의 6만4천여 명의 뇌졸중 병력이 없는 40살 이상 남성을 대상으로 연구를 실시한 결과 술을 마실수록 뇌졸중 발병 위험이 높았고, 특히 하루 3잔 이상 술을 마시면 뇌졸중 위험이 높아지기 시작하는 것으로 확인이 되었다.

의학적 측면에서와 마찬가지로 술에 대한 성경의 입장은 확고하다(잠20:1; 23:31; 눅21:34; 롬13:13; 고전5:11; 6:10; 갈5:21; 엡5:18; 딤전3:3,8).

성경에서 최초로 술 취한 사람은 노아였는데 그는 이로 인해 아들의 범죄를 유발하였다(창9:20-27). 또 롯은 술에 취한 채 자기 딸들과 근친상간을 저지르고 말았다(창19:30-38). 잘 알다시피 노아와 롯은 하나님께 의롭다고 인정받은 자들이었지만 술로 인해 죄를 짓고 하나님의 영광을 가리게 된 것이다(창6:9; 벧후2:7).

이밖에도 성경에는 술 마시는 사람들이 다양하게 등장하지만 이것은 그리스도인들이 따라야하는 모범이 결코 아니다. 성경은 일관되게 술 마시는 모든 행위에 대해서 반대하고 있다. 폭탄주를 과감하게 마시는 자들(사5:22)과 남에게 술을 권하는 자들(합2:15)에게 화가 있을 것이며, 음주는 중독이 될 수 있음을 명쾌하게 설명하고 있다(잠23:35).

　오늘날 많은 그리스도인들이 술 마시는 행위를 용납하거나 술 취하는 자들을 사랑으로 받아들여야 한다고 생각하고 있다. 그러나 그러한 자세는 우리의 가정과 교회와 사회를 술 취함으로 인도할 뿐이다. 우리가 취해야 할 대상은 술이 아니라 성령인 것을 기억하자.

　"술 취하지 말라. 거기에는 과도함이 있나니 오직 성령으로 충만하라."(엡5:18)

3

와인(wine)

우 리나라에 와인의 열풍이 불고 있다. 어느덧 와인 상식은 교양의 척도
가 됐고, 와인 동아리와 와인 샵도 우후죽순 늘어가고 있다. 이는 와
인이 사교에 도움이 될 뿐 아니라 어느 건강식 못지않게 몸에 좋다는 이유 때
문이다.

 즉 '매일 적당한 양의 좋은 와인을 마시면 심장병, 뇌졸중, 당뇨, 치매, 암
등의 예방에 효과가 있다' 는 연구결과들이 보도가 되면서 와인에 대한 관심

이 폭발적으로 증가하고 있는 것이다.

그렇다면 와인은 정말 건강에 도움이 되는 것인가? 결코 그렇다고 단언할 수 없다.

왜냐하면 와인이 건강에 좋은 이유가 와인 자체 때문인지 아니면 함께 섭취하는 음식 때문인지 확실하지 않기 때문이다. 일반적으로 포도주를 구매하는 사람들은 상대적으로 건강에 유익한 식품을 구입하는 경우가 더 많다는 사실이 보고가 되고 있다.

또한 적당한 음주가 심장발작 위험을 줄인다는 믿음은 잘못된 자료에 근거한 것일 수 있기 때문이다. 샌프란시스코 캘리포니아대(UCSF) 케이 필모어 교수팀이 음주가 건강에 미치는 영향에 관한 전세계 54개 연구보고서를 분석한 결과, 상당수 보고서가 적당한 음주의 이점을 보여 주지 못했다고 결론을 내렸다.

그러면 예수님이 가나의 혼인 잔치에서 물로 포도주를 만드신 것(요2:1-11)과 사도 바울이 디모데에게 병을 위하여 포도주를 사용하라고 권한 사실(딤전5:23)은 어떻게 받아들여야 하는가?

성경에서 주류 전체의 일반적 명칭은 구약에서는 '야인' 이라고 하고, 신약에서는 '오이노스' 라고 하는데 와인의 의미는 발효성 포도주와 비발효성 포도즙 모두를 포함하고 있다.

예수님께서 가나 혼인 잔치에서 만드신 것은 감즙류인 '포도즙' 이었다. 옛 유대인들은 혼인 잔치에 순 포도송이와 포도즙만을 사용했고, 알코올 성분의 주류는 사용하지 않았다. 그들은 효소가 부패를 활성화시키는 것으로 여겨 새 출발하는 혼인 잔치에서 포도주는 사용하지 않았다.

또한 사도 바울이 치료를 위해 디모데에게 권한 것은 소아시아의 알칼리성

물을 중화시키기 위해 필요한 강한 산성의 비발효성 '포도즙'이었다. 이는 포도주스 속에 심장병과 각종 만성 질환을 예방해주는 노화방지성분이 다른 주스들보다 훨씬 많다는 영국 글래스고대학의 최근 연구 결과와도 맥을 같이 하는 것이다.

그러므로 건강을 위해서는 포도주가 아니라 포도즙(주스)을 마시는 게 의학적으로나 성경적으로나 올바른 것이다.

"너는 포도주가 붉거나 잔에서 제 빛깔을 내거나 스스로 똑바로 움직일 때에 그것을 바라보지도 말라."(잠23:31)

4

피

하 나님께서는 노아의 홍수 이후 인간이 모든 동물을 먹을 수 있도록 하셨지만(창9:3,4), 피째로 먹지는 말라고 하셨다(레3:17; 7:26,27; 17:10-14; 19:26; 신12:16, 23-25; 15:23; 행15:28,29).

아마도 이러한 하나님의 말씀은 비싼 값을 치르고 동물의 피를 즐겨 먹는 이들에게는 매우 야속하게 여겨질 것이다.

그러면 하나님께서는 왜 동물의 피를 먹지 말라고 하셨을까?

먼저 영적으로 문제가 되기 때문이었다. 피를 마시며 제사를 드리는 이방 종교의 나쁜 관습에 물들 우려가 있고(시16:4), 인간의 죄를 속하기 위해서는 피가 특별히 존중되어야 했기 때문이었다(레17:11).

아울러 우리의 육적 건강에도 좋지 않기 때문이었다. 동물의 피가 인간에게 유해함은 다음과 같이 과학적으로 잘 증명이 되어 있다.

첫째, 죽은 동물의 피를 먹으면 유독 성분을 섭취하게 되어 몸에 이상이 생길 수 있다. 사람이 죽었음에도 불구하고 수염과 머리털은 계속 자라나고 체온도 몇 시간 동안 따뜻한 사실에서 알 수 있듯이, 비록 심장은 정지되어 죽었지만 상피세포에서 뿜어 나오는 유독한 노폐물이 시체 내부와 핏속에 존재하고 있으므로 죽은 동물의 피는 대단히 불결하고 유독하다.

둘째, 우리 몸에 해로운 균이나 기생충에 노출될 수 있다. 일례로 '스파르가눔'이란 기생충이 몸속에 들어오면 죽지 않고 이리저리 돌아다니면서 혹 같은 피부 결절을 일으키거나 고름주머니를 만들고, 심할 때에는 음낭 속에 들어가 농양을 일으켜 치명적인 결과를 초래하기도 한다.

셋째, 피를 먹으면 신장에 이상이 초래될 수 있다. 육식 동물의 내장이나 핏속에는 영양분이 너무도 진해서 이를 섭취한 사람들의 신장을 자극하여 '위축신'이 발생할 수 있다.

넷째, 피를 먹으면 잔인한 성격의 소유자가 될 수 있다. 피를 즐겨 마시게 되면 사람의 성격이 냉혹하고 잔인해져 쉽게 흥분하고 쉽게 자극을 받아 남의 생명을 경시하는 맹수와 같은 비인간성을 가지게 된다.

다섯째, 피를 너무 많이 먹으면 성적 흥분 상태가 유발될 수 있다. 노폐물인 유독한 산류가 핏속에 쌓이게 되면, 성적인 신경을 자극하여 흥분 상태를 유발시켜 사람으로 하여금 강간 등 성범죄를 일으키게 만든다.

따라서 건강과 먹거리에 대한 관심이 날로 높아가고 있는 오늘날, 피를 먹지 말라 하신 하나님의 말씀에 순종하여 영육 간에 강건한 삶을 살아가도록 하자.

"너희는 너희의 모든 거처에서 날짐승의 피나 짐승의 피나 무슨 피든지 먹지 말지니라."(레7:26)

흡연

지|난주부터 영국에서는 가족들이 함께 TV를 시청하는 이른 저녁시간
에 새로운 TV광고가 선보이기 시작했다.

한 여자 어린이가 "엄마가 담배 피우는 게 제일 무섭다"며 흡연 습관으로
인해 "엄마가 죽을까봐 걱정된다"고 고백하는 내용을 담고 있는 이 광고는
"매주 영국에서 2천명 이상이 흡연 관련 질병으로 사망한다"는 구절과 함께
금연상담 전화번호를 보여주며 끝이 나고 있다.

이것은 간접흡연에 노출된 어린이들을 보호하기 위해 영국 보건부가 내놓은 광고인데, 부모가 흡연하는 가정의 어린이는 천식, 중이염 등의 발생율이 6배나 더 높고 급성호흡기질환에 잘 걸리며 발육과 성장에도 문제를 일으키는 것으로 보고되고 있다.

4천 가지 독성화학물질과 50여종의 발암물질을 함유하고 있는 담배로 인해 암은 물론 발기부전, 중풍, 혈액순환장애, 심장마비, 해소, 천식 등 온갖 질병이 발생하고 전세계에서 8명 중 1명이 흡연관련 질환으로 사망하고 있음에도 한국인의 흡연율은 세계 1위이다.

아울러 간접흡연도 직접흡연 못지않게 치명적일 수 있는데 아직도 공공장소에서 흡연에 대한 관대함이 넘쳐나는 곳이 한국이기도 하다.

게다가 성경에 담배 피우지 말라는 얘기는 없지 않느냐며 흡연에 대한 정당성을 주장하는 기독교인들도 적지 않은 것이 현실이다.

그러나 그리스도인으로서 담배를 피우지 말아야 하는 이유는 명확하다.

첫째, 흡연은 결코 하나님의 영광을 위해 사용될 수 없기 때문이다(고전 6:20; 10:31).

둘째, 흡연은 다른 사람의 권리를 침해하는 행위이기 때문이다(롬13:10; 14:7,21; 고전10:24; 갈5:14).

셋째, 흡연은 일단 한번 형성되면 사람을 노예로 종속시키기 때문이다(롬 6:12,16).

넷째, 흡연은 필요한 양식으로 하나님께 요청할 수 없기 때문이다(마6:11).

다섯째, 흡연으로 인해 하나님께 감사드릴 수 없기 때문이다(골3:17).

여섯째, 흡연을 하고 싶은 충동은 하나님께서 주신 생리적인 욕구가 아니기 때문이다(롬8:5).

일곱째, 우리 몸이 하나님의 성전이기 때문이다(고전3:16,17; 6:19,20).

그렇다. 성숙한 그리스도인이라면 결코 흡연을 할 수 없을 것이다. 다른 해로운 음식이나 기호품들과 마찬가지로 흡연도 우리의 육적, 영적 건강을 위해 반드시 금해야 하는 것이다.

"도대체 무슨 말이냐? 너희 몸이 너희가 하나님에게서 받은바 너희 안에 계신 성령님의 전인 줄을 너희가 알지 못하느냐? 너희는 너희 자신의 것이 아니니 주께서 값을 치르고 너희를 사셨느니라. 그런즉 하나님의 것인 너희 몸과 너희 영으로 하나님께 영광을 돌리라."(고전6:19,20)

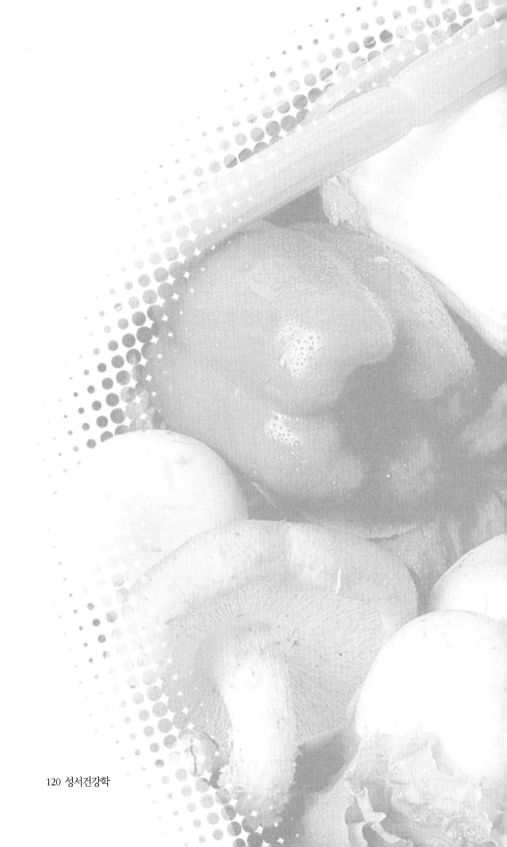

6

비만

며칠 전 전직 대통령 중의 한 분이 '하루 두 끼 먹기' 운동을 제안했다는 보도가 있었다. 유가 폭등과 곡가의 상승으로 경제가 어려운 지금 하루 두 끼만 먹으면 상당히 절약이 되지 않겠느냐는 것이 그 이유였다.

게다가 자기 혼자 안 먹고 싶어도 옆에서 먹으면 먹어야 되는데 이 운동을 하면 비만인 사람이나 여성들도 매우 좋아할 것이라고 하였다.

사실 이러한 사견에 대해 정치적 해석은 사람마다 다르겠지만 우리 모두가 공감하는 바는 어느덧 비만이 심각한 사회적 문제로 대두되었다는 현실이다.

이미 비만은 세계보건기구(WHO)에서 하나의 질병으로 분류되고 있는데 그 유병률이 지난 10여년 사이에 우리나라를 포함하여 전 세계적으로 빠른 속도로 증가하고 있다. 미국의 경우 성인 인구의 약 60%가 과체중이고 30% 이상이 비만증을 가지고 있으며 우리나라에서도 40세 이상 성인 인구의 약 30% 이상이 과체중 혹은 비만 인구이다.

또한 소아 및 청소년의 비만도 현저히 증가하고 있어 시간이 지날수록 비만은 더욱더 심각한 사회적 위협이 될 것으로 예측이 된다.

왜냐하면 제2형 당뇨병, 고혈압, 고지혈증, 심근경색, 협심증, 뇌경색, 뇌출혈 등과 같은 성인병뿐 아니라 역류성 식도염이나 정신질환들도 비만에 의해 유발될 수 있으므로 비만의 증가는 향후 막대한 사회적 손실을 초래할 것이기 때문이다.

비만의 원인으로 유전적 소인, 환경, 발달과정 등 여러 요인이 복잡하게 상호작용을 하고 있는데 특별히 스트레스가 많은 경우 뇌에서 식욕중추가 잘못 자극되어 살이 찌게 될 수 있다.

비만의 치료는 생활과 행동습관, 음식을 섭취하는 습관을 건강한 방식으로 바꾸는 데 중점을 두어야 한다. 이상적으로는 스트레스 요인을 없애고 지방과 열량 섭취를 줄이며 유산소 운동과 체력단련 운동을 병행하도록 해야 한다.

성경에서도 비만에 대한 치료지침이 잘 나와 있다. 앞서 언급된 바와 같이 식사량을 줄이라는 것(잠23:2,3,21; 눅21:34)과 몸을 많이 움직이라는 것(창3:19상; 시128:2; 살후3:10하)이 성경의 가르침이다.

이제 비만을 잘 치료하고 예방하여 하나님께서 기뻐 받으시는 삶을 살아가도록 하자(고전3:16).

"네가 만일 식욕에 빠진 자이거든 네 목에 칼을 둘지니라. 그의 맛있는 음식들은 속이는 것들이니 그것들을 바라지 말라."(잠23:2,3)

"네 얼굴에 땀을 흘려야 빵을 먹으리니"(창3:19상)

"누구든지 일하려 하지 아니하거든 먹지도 말라."(살후3:10하)

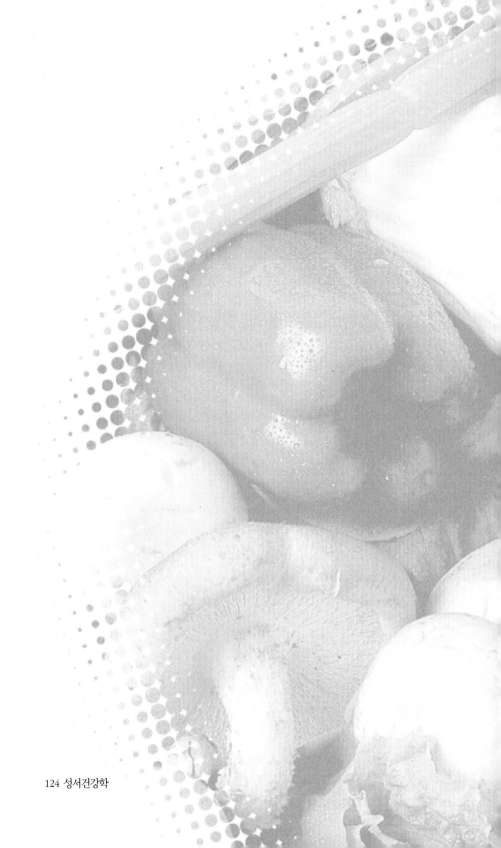

7

채식주의

날로 건강에 관한 관심이 증대되고 있는 오늘날, 성경에서 말하는 대로 채식을 하여야 진정한 건강을 누릴 수 있다는 주장을 심심치 않게 접하게 된다.

〈하나님께서 인류를 위해 최초로 허락한 음식은 과일과 곡식과 견과류의 채식 식단이었다.

"하나님이 이르시되, 보라, 내가 온 지면 위에 있는 씨 맺는 모든 채소와 속에 씨 맺는 나무의 열매를 가진 모든 나무를 너희에게 주었노니 그것이 너희에게 먹을 것이 되리라."(창1:29)

그래서 최근 들어 과학적으로 밝혀지고 있는 채식 식단의 우수성은 이미 성경적 창조원리에 의한 것이므로 그리스도인들에게는 그리 새삼스러운 게 아니다.

이것은 또한 다니엘과 세 친구의 예에서도 입증이 된다(단1:1-21). 즉 열흘 동안 물과 콩으로만 식사를 한 다니엘과 세 친구의 얼굴은 왕이 정해 준 음식을 먹은 모든 아이들보다 더욱 아름답고 살이 기름지게 보였다(단1:15). 그리고 삼년 뒤에 채식만 한 이 네 소년은 느부갓네살의 시험을 받는데 바벨론의 모든 지혜로운 자들보다 열배나 더 총명하였다.

따라서 현대를 살아가는 우리도 우리의 신체구조나 유전정보와 별 차이가 없는 다니엘과 세 친구가 그랬던 것처럼 채식을 하게 되면 건강한 삶을 살 수 있다.〉

가공된 인스턴트식품의 범람과 육식위주의 식생활문화가 지배하는 우리 사회에서 채식이 웰빙식일 뿐 아니라 이처럼 성경적이라고까지 하는 얘기를 들으면 더욱 귀가 솔깃하게 된다.

그러면 이와 같은 성경적(?) 채식예찬론자들의 주장은 정말 성경적인 것일까?

결코 그렇지 않다.

하나님께서는 노아의 홍수 후 우리에게 육식을 허락하셨다. 즉 지구 전체에 대격변이 일어나 이전과 달라진 자연환경을 살아가는 우리에게 육식이 필요함을 아신 하나님께서는 다음과 같이 말씀하셨다.

"살아서 움직이는 모든 것은 너희에게 먹을 것이 될 것이요, 푸른 채소와

같이 내가 모든 것을 너희에게 주었노라."(창9:3)

그리고 다니엘과 세 친구는 채식이 창조원리에 입각한 것이기 때문에 채식을 택한 것이 아니었다. 즉 왕이 주는 음식은 먼저 우상에게 드려진 것이며 또 왕의 음식을 먹는다는 것은 하나님에 버금가는 충성을 왕에게 바친다는 의미가 있으므로 거절한 것이다. 아울러 다니엘이 평소 육식도 했다는 사실을 알아야 한다(단10:3).

만일 쇠고기가 해롭다면 왜 아브라함은 하나님께서 그를 방문하셨을 때 그분을 위해 쇠고기를 준비하였으며 또 하나님께서는 왜 그 고기를 드셨을까(창18:1-8)? 또 육식이 잘못된 것이라면 예수님께서는 빵만으로도 수많은 이들을 먹이실 수 있었을 터인데 왜 빵과 물고기로써 따르는 이들을 먹이셨으며(마14:13-21; 15:32-39) 부활하신 후에도 물고기를 제자들에게 먹으라고 하셨을까(요21:1-14)?

우리가 구약성경을 자세히 공부해보면 하나님께서 영적 전쟁을 치루는 전사들로 레위 자손들을 세우신 것을 알게 된다. 그런데 그들의 식사는 기름진 양과 쇠고기가 대부분이었다(레7:6-34; 신18:3-5).

또 구약의 위대한 하나님의 사람인 엘리야의 경우도 마찬가지였다. 그가 바알의 대언자들을 대면하기 바로 전에 주님께서 그를 위해 마련하신 식단에는 물론 고기가 포함되어 있었다(왕상17:1-7).

"까마귀들이 아침에 빵과 고기를 그에게 가져오고 저녁에 빵과 고기를 가져왔으며 그가 시냇물을 마셨더니"(왕상17:6)

우리가 영적 전쟁에 들어가면 엄청난 단백질 소모가 있음이 최근 여러 사역자들에 의해 밝혀지고 있다. 그래서 만약 사탄이 하나님의 사람들로 하여금 고기를 못 먹게 한다면 치열한 영적 전쟁을 치르는 동안 우리 몸의 면역기능이 급속히 떨어져 사역을 중단해야 되는 일도 생길 수 있는 것이다.

그러나 이와 달리 힌두교인들이나 뉴에이저들은 채식을 강조한다. 예를 들어 요가를 하는 이들은 고기로부터의 진동(vibration)은 유해하며 영적 감도를 감소시킨다고 가르친다. 왜냐하면 능력을 받기 위해서 몸 안에 아카사(akasa)라고 불리는 물질이 있어야 하는데 이것은 채식을 하고 성욕을 금함으로써 고갈되지 않게 된다고 그들이 믿기 때문이다.

많은 사람들이 공공연하게 고기는 건강에 좋지 않으며 채식 위주의 식사가 콜레스테롤수치를 낮추고 심장병, 암, 고혈압, 당뇨병 등 성인병의 발병 위험을 줄여준다고 이야기한다. 그렇지만 아직까지 기름이 많지 않은 양질의 (붉은) 고기 자체가 건강에 직접 해를 준다는 보고는 없다.

오히려 극단적인 채식주의는 영양학적 측면에서만 보더라도 건강에 해가 될 수 있다. 식단에서 동물성 식품이 배제되면 철, 칼슘 같은 무기질, 비타민 B12, 비타민 D, 엽산 등의 공급이 부족해지기 때문이다. 특히 적혈구 생산에 관여하는 비타민 B12는 동물성 식품에만 존재하므로 채식을 할 경우에는 비타민 B12 첨가 두유, 시리얼 등 비타민 첨가식품을 따로 먹어야 한다.

이제 하나님께서 마지막 때를 살아가는 우리에게 하시는 말씀에 귀를 기울이도록 하자.

"이제 성령께서 분명히 말씀하시기를 마지막 때에 어떤 사람들이 믿음에서 떠나 유혹하는 영들과 마귀들의 교리에 주의를 기울이리라 하셨으니 이들은 위선으로 거짓말을 하며 자기 양심을 뜨거운 인두로 지진 자들이라. 이들이 혼인을 금하고 음식물을 삼가라고 명령할 터이나 음식물은 하나님께서 창조하사 진리를 믿고 아는 자들이 감사함으로 받게 하셨느니라. 하나님의 모든 피조물은 선하고 감사함으로 받으면 거부할 것이 전혀 없나니 그것은 하나님의 말씀과 기도로 거룩히 구별되었느니라."(딤전4:1-5)

BEST HEALTH *from* BIBLE

05 뉴에이지

모차르트 효과 | 명상 | 치료적 접촉 | 마인드 컨트롤 | 요가 | 최면 | 뇌호흡

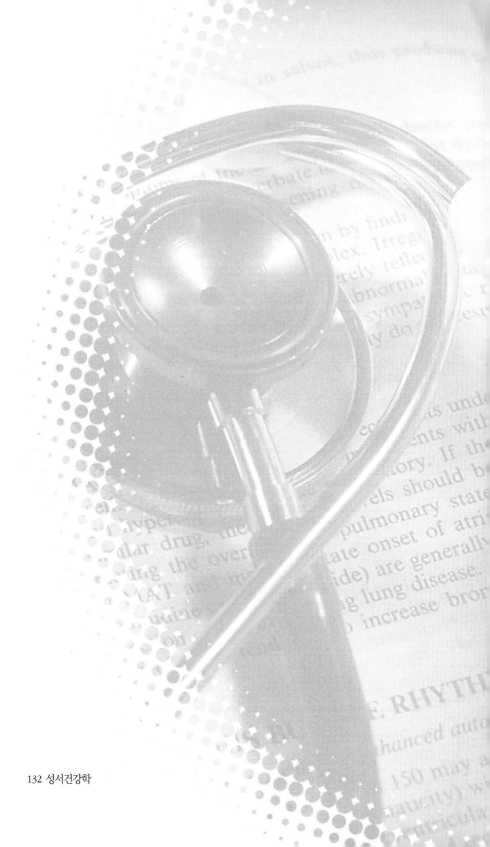

1

모차르트 효과

조근 하버드 의과대학의 신경과학자들이 어린이들의 음악적 훈련이 뇌의 성장을 촉진시킨다는 연구결과를 발표했다. 이뿐 아니라 그간 음악이 지적 능력 향상에 도움이 된다는 많은 주장들이 있어 왔는데 그중 가장 잘 알려진 것이 '모차르트 효과' 라 할 수 있다.

특히 뇌졸중으로 혼수상태에 빠진 샤론 이스라엘 총리를 깨우기 위해 의사들이 모차르트 음악을 들려주었기 때문에 더 유명하게 된 모차르트 효과는

1993년 '네이처'에 발표된 '음악과 공간추리력'(music and spatial task performance)이라는 논문에서 비롯되었다.

고든 쇼 교수와 프랜시스 라우셔 교수의 연구팀이 대학생 36명에게 모차르트의 '두 대의 피아노를 위한 소나타 D장조'를 들려주고 공간추론 테스트를 실시한 결과 점수가 높아졌다고 하자 이 결과가 언론에 대서특필되면서 모차르트 효과라는 말이 붙여지게 된 것이다.

이후 많은 논쟁이 있었지만 심지어 어렸을 때부터 모차르트 음악을 들으면 기억력이 좋아진다는 모차르트 효과가 널리 알려지면서 이를 응용한 다양한 상업적 프로그램들이 전 세계적으로 유행했고 우리나라에서도 조기 음악교육을 받으면 지능이 높아진다는 극성스러운 바람이 일고 있는 것이 현실이다.

사실 모차르트를 비롯한 클래식 음악을 어린이들에게 들려줄 경우 어린이들의 정서발달에 도움이 되며 뇌가 건강하게 활성화되어 미리 학습하는 효과를 볼 수 있다는 전문가들의 분석이 있기도 하다. 그렇지만 실제로 전체적인 사고력이나 문제해결력이 증가하는 효율성을 발휘하기는 어려울 뿐 더러 음악교육이 남용될 경우에는 오히려 부작용을 초래할 수 있음을 알아야 한다.

특히 록 음악과 달리 클래식 음악은 건전하기 때문에 영적으로 전혀 문제가 없다고 생각하는 것은 매우 위험하다. 왜냐하면 기독교문화를 바탕으로 한 클래식 음악이라는 생각에서 별다른 검증 없이 받아들이다 보면 우리의 영혼을 타락시키는 많은 곡들에 노출될 수 있기 때문이다(고후11:13-15).

예를 들어 모차르트가 작곡한 오페라 '마적'은 태양신을 찬양하는 내용이며, 오페라 '여자는 다 그래'도 프리메이슨 사상과 의식 등을 비롯해 동시에 두 자매를 사랑했던 모차르트의 사생활을 담은 작품임을 알아야 한다(잠 23:7).

비단 모차르트 효과뿐이랴. 우리 주변에는 머리를 좋게 만든다고 하는 각종 프로그램들과 교육방법들이 우후죽순으로 소개가 되고 있다. 그러나 이러한 인본주의적 두뇌계발 방법들에는 반기독교적인 뉴에이지 사상이 녹아 있을 가능성이 많음을 늘 잊지 말아야 한다.

아울러 우리는 성경으로 돌아가 진정 하나님께서 원하시는 두뇌계발 방법을 추구해야 한다(마6:33). 오직 하나님의 말씀을 기뻐하며 그 말씀을 밤낮으로 묵상하고 믿음으로 하나님께 나아가 지혜를 구해야 한다(시1:1-3; 롬 1:17; 10:17; 약1:5).

그러할 때 솔로몬이나 다니엘을 비롯한 많은 믿음의 선진들이 소유했던 놀라운 지혜를 분명 우리도 얻을 수 있게 될 것이다(왕상3:3,7; 29-34; 10:23,24; 단1:8-20; 2:46-49).

"네 눈에 지혜롭게 되지 말지어다. 주를 두려워하며 악을 떠날지어다."(잠 3:7)

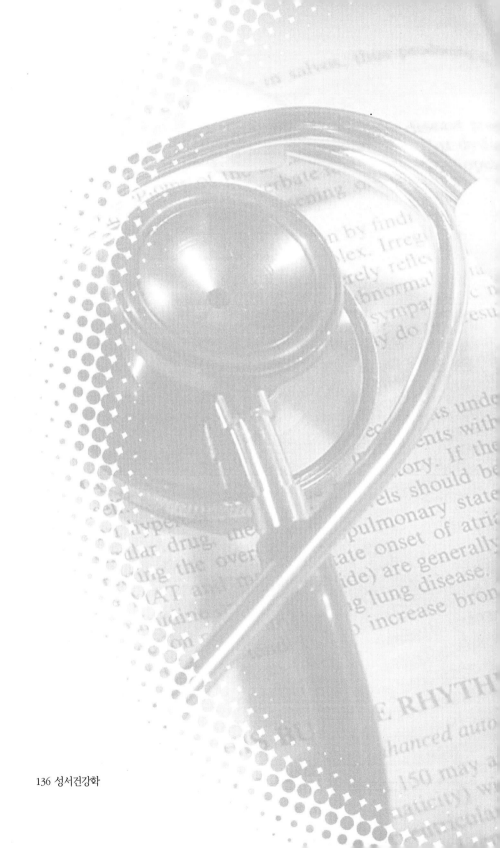

2

명상

며칠 전 '달라이 라마, 마음이 뇌에게 묻다' 라는 책이 우리말로 번역되어 출간되었다. 저자는 '월스트리트 저널'의 과학 칼럼니스트로서 '명상' 수행을 통해 정서적 건강을 유지할 수 있고 행복도 의도적으로 계발할 수 있다고 주장하고 있다.

비단 이와 같은 신간 한 권뿐이랴. 현재 국내 유수한 대학병원에서 환자를 위한 건강법으로 소개되는 등 우리의 건강증진에 많은 도움이 된다고 대중

매체를 통해 널리 알려지고 있는 것이 명상이다.

그렇다면 정말 명상은 부작용이나 합병증이 없는 좋은 건강법인가?

스트레스 연구에 대해 세계적인 권위자인 존 메이슨은 '스트레스 감소의 길잡이'란 자신의 저서에서 명상을 종교나 이데올로기를 떠나 단순한 이완요법으로 간주한다고 말하고 있다.

더 나아가 명상에 따라 마음의 상태가 달라진다고 믿으며 어떤 명상 상태에서는 신체에서 자유로운 기(氣; energy flow)를 추구하기도 하는데 이러한 '기'들은 서구과학이 명상에 따른 마음의 미묘한 변화를 정량할 만한 능력이 없기 때문에 과학적 측정으로 밝혀지지 않는다고 한다.

어쨌든 명상으로써 육체적, 정신적, 감정적 상태의 균형이 맞추어져서 건강에 도움이 된다고 하는데 특별히 스트레스, 통증, 고혈압, 심장질환에 효과가 있다고 한다.

그러나 명상을 통해 이러한 건강효과들이 일시적으로 나타날 수 있지만 영적으로 심각한 문제가 야기될 수 있음을 우리 그리스도인들은 반드시 알아야 한다(마24:24; 벧전5:8).

초월명상, 선명상, 촛불명상 등등 모든 종류의 명상들에는 기본적인 원리가 공통적으로 존재한다. 즉 '자기실현'과 '고차원적 의식'에 도달하는 것이 명상의 최종 목표이다(창3:5).

그런데 자기실현이란 어떤 사람이 자신의 영을 조절할 수 있는 단계를 이루는 것이며 고차원적 의식은 그 사람이 여러 영적 존재들과 대화함으로써 성취된다. 즉 이것을 행하는 사람들은 종종 안내자나 상담자로 불려지는 특정한 마귀를 소유하게 된다.

그래서 독일의 다름슈타트에서 가나안 공동체 원장으로 사역하고 있는 바

실레아 슐링크는 명상의 결과로 생기는 최후의 고통에 대해 다음과 같이 경고하고 있는 것이다.

"초월명상과 같은 운동에 적극적으로 참여하는 사람들은 완전히 개인적으로 명상에 빠져들고 구루들에게 전적으로 의존하게 되어서 감정적으로나 정신적으로나 도착상태가 되어 정상적인 생활이 불가능하다. 또한 부부가 모두 명상을 하게 될 경우 이혼율이 특별히 높다. 명상을 할 때의 그 무아지경과 현실로 돌아왔을 때 일상의 스트레스나 욕구불만 사이의 괴리감은 너무 큰 것이어서 조화로운 삶을 영위하기가 불가능하다."

성경은 여러 차례 명상(meditation)에 대해 언급하지만 하나님께서 말씀하시는 명상은 사탄의 것과 완전히 다르다. 성경적 명상은 수동적으로 마음을 비우는 것이 아니라 하나님의 말씀을 능동적으로 읽고 배우고 암기하는 것을 의미한다(수1:8; 시1:2; 77:12; 119:97; 143:5).

이제 성경적인 명상을 통해 영육 간에 강건한 복을 누리도록 하자.

"너는 이 율법 책을 네 입에서 떠나지 말게 하며 밤낮으로 그것을 묵상(meditation)하여 그 안에 기록된 대로 다 지켜 행하라. 그리하면 네가 네 길을 형통하게 하며 또한 크게 성공하리라."(수1:8)

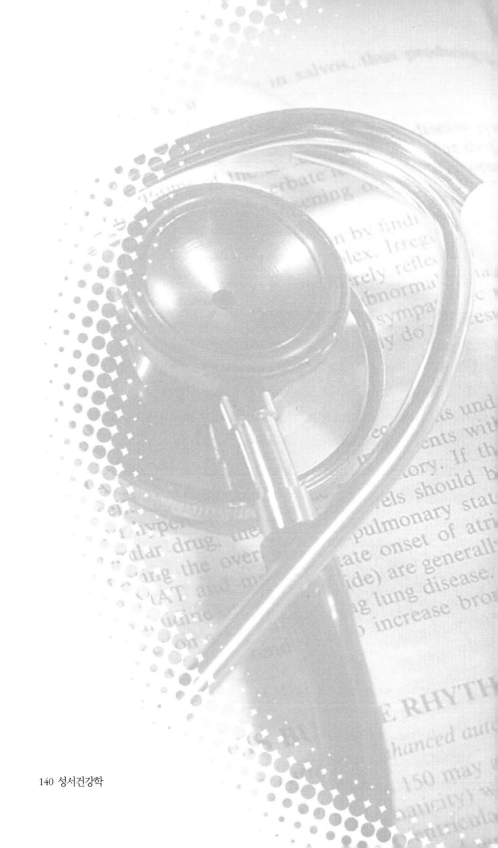

3

치료적 접촉

얼마 전 대한병원협회 주최로 열린 '간호인력난 해결을 위한 정책토론회'에서 국내 간호인력이 3~4만 명 부족하다는 분석이 나왔다.

필자도 30년 가까이 의사 생활을 하면서 경험한 바이지만, 간호사가 부족하면 단지 의료서비스의 질이 떨어지는 것뿐 아니라 의료사고로까지 이어질 수 있기에 간호인력난은 시급히 해소되어야 할 국가적 아젠다라고 할 수 있다.

다시 말해서 일반인이 이해하는 것보다 간호사는 환자의 치료에 매우 중요한 존재인데 대개는 의사의 오더를 수행하는 역할을 하게 된다.

그러나 간호학계에서는 기존의 간호 개념과 달리 간호사가 독립적으로 환자를 치료하는 '치료적 접촉'(therapeutic touch)이란 건강기법이 날이 갈수록 각광을 받고 있다.

1972년 뉴욕대학의 크리거(Dolores Krieger) 교수에 의해 소개된 이래 현재 전 세계적으로 수많은 대학과 병원들에서 가르쳐지고 있는 치료적 접촉은 인간 내부에서부터 발산되어지는 '비가시적 에너지'를 활용하여 환자를 고친다고 하는 요법이다.

이를 수행할 때에는 명상상태에 들어가 환자 피부로부터 5cm정도 떨어져서 손을 움직이며 비가시적 에너지를 보낸다고 하는데 만족할 만한 에너지 상태의 정신적 이미지(mental image)를 창조한 후 이 이미지를 손을 통해 환자에게 보내어 치료한다고 한다.

시술자는 천천히 손을 움직여서 미세하게 느껴지는 저리거나 뜨거운 감각을 찾아낸 후 과도한 에너지가 발견될 때에는 손을 사용하여 그 에너지를 '쓸어 내버려야' 하고, 치료를 할 수 있을 정도의 정신적 이미지를 창조하게 되면 이 영상을 환자에게 손을 통해 전달할 수 있다고 한다(창6:5).

실제로 크리거 교수는 치료적 접촉을 통해 환자의 혈액 속 헤모글로빈이 증가될 수 있다는 임상적 대조연구 결과를 발표하기도 하였다.

그런데 크리거 교수의 저서를 읽어보면 동양의 신비주의와 힌두교 개념인 우주에너지 프라나(prana)가 치료의 초석이 됨을 알 수 있다. 즉 치료적 접촉에서 말하는 에너지는 영(spirit)을 의미하며 엄밀히 말하면 마귀의 영을 지칭하는 것이다(마24:24; 벧전 5:8).

십여 년 전에 워싱턴대학의 간호대학 교수가 우리나라에 와서 치료적 접촉에 대한 강의를 하여 수많은 간호사들의 호응을 받은 적이 있었다. 아직은 이 기법이 우리나라 의료현장에서 드러나게 시행되지는 않고 있지만 언젠가는 우리나라 병의원들에서도 좋은 치료법으로 자리 잡지 않을까 심히 우려가 된다.

"오 디모데야, 속되고 헛된 말장난과 또 거짓으로 과학이라 불리는 것의 반론들을 피하며 네게 맡긴 것들을 지키라."(딤전6:20)

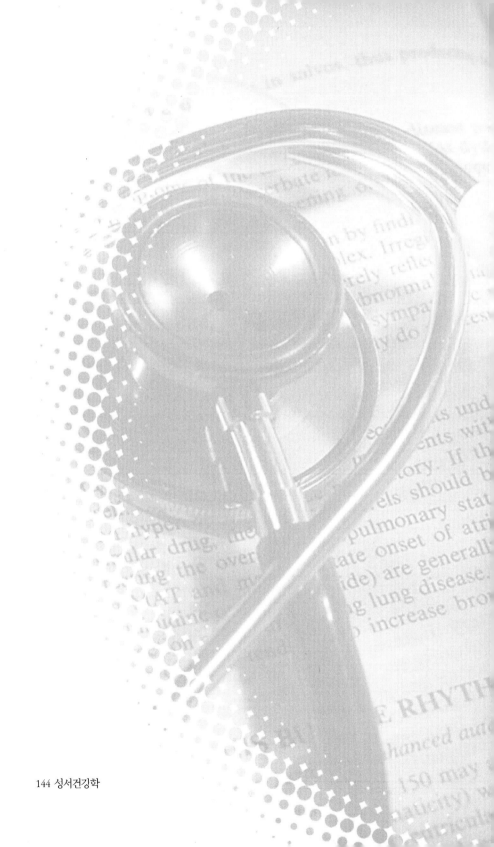

4

마인드 컨트롤

베이징 올림픽에서 많은 아쉬운 장면이 있었지만 특히 여자 양궁 개인 전에서 6연패의 기록이 깨진 것은 너무도 안타까운 일이었다. 경기가 끝난 후 박성현 선수는 중국의 매너 없는 응원에 대해서 스스로 마인드 컨트롤을 못한 것이 패배요인이라고 하였다.

비단 박 선수뿐이랴. 올림픽에 참가하였던 많은 선수들이 마인드 컨트롤을 제대로 하지 못해 거의 다 거머쥐었던 승리를 반납해야 했다.

원래 마인드 컨트롤(mind control)이란 심리학적인 용어로 정신통제, 최면, 자기 암시 등을 의미하는데 최근에는 스포츠에서도 승패에 큰 영향을 미친다는 사실이 알려져 널리 확산되고 있다.

그런데 이와 같은 단순한 마인드 컨트롤과 달리 이미 서양에서 교육체계를 통해서 광범위하게 세력이 확장되어 있고 의학 분야에서도 '스트레스 감소법'으로 자주 소개되어 온 '마인드 컨트롤' 기법은 영적으로 커다란 문제를 야기할 수 있다.

마인드 컨트롤에서는 뇌파의 종류에 따라서 사람의 능력상태가 달라진다고 주장한다.

곧 베타(β)파(뇌파 중 가장 높은 파장으로서 보통 깨어 있는 상태를 말하며 대부분 기본적인 오관의 수준에서 기능을 함)에서 알파(α)파(낮고 좀 더 안정된 파장으로서 깊은 이완과 명상의 상태이고 몸의 재생이 이 상태에서 일어난다고 함)로 접근하게 되면 깊은 안정감과 행복한 기분을 맛보게 되며 나아가서 각종 초능력들을 행사할 수 있게 된다고 한다.

그래서 보이지 않는 물체를 알아 맞추고 병을 고치고 여러 위험상태로부터 구출될 수 있다고 하는데, 궁극적으로는 보다 나은 인간이 되도록 돕기 위해 보다 안정적인 알파 뇌파를 조절하도록 훈련하는 것이라 한다.

오래 전 필자도 이수한 적이 있었던 실바 마인드 컨트롤에서 피훈련자들은 '명상'을 통해 자기만의 지하공간에 알파뇌파 상태로 내려가는 것을 훈련받는다. 그리고 나서 상담자나 혹은 다른 이름으로 불리는 '영의 안내자'들에게 인도되어 갖가지 문제를 해결 받도록 한다.

그런데 이들과 주기도문도 함께 할 수 있기 때문에 그리스도인들조차 그 정체를 파악하기가 어렵지만 이 영들은 다름 아닌 마귀의 영이다(고후11:13,

14).

　그래서 마인드 컨트롤에 몰입하다 보면 예수님이 상담자 중의 하나로 격하되어서 예수님의 창조주 되심과 구속주 되심과 유일한 중보자 되심을 송두리째 부정하게까지 된다(고후4:4).

　이제 우리는 마인드 컨트롤에서 보듯 아무리 과학적 용어로 포장이 되었더라도 인간이 자기 스스로 영을 조절하여 마귀들과 접촉하도록 만드는 것들은 단호히 배격해야 할 것이다.

　"오 디모데야, 속되고 헛된 말장난과 또 거짓으로 과학이라 불리는 것의 반론들을 피하며 네게 맡긴 것들을 지키라."(딤전6:20)

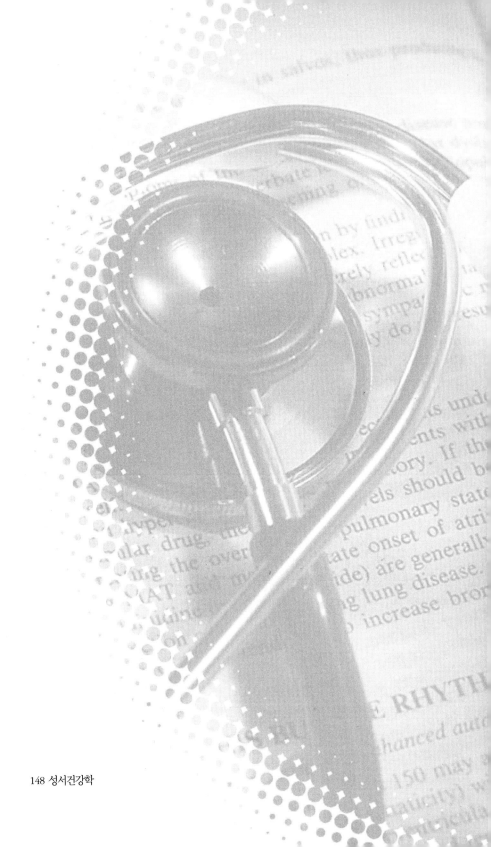

5

요가

요가의 열풍이 불고 있다. 웰빙에 대한 관심이 증가되면서 요가는 어느 덧 세계적인 건강코드가 되어버렸다.

뱀 자세, 메뚜기 자세, 물고기 자세, 서서 등펴기, 견상 자세, 스탠딩 삼각 자세, 사이드 삼각 자세, 아취자세, 토끼 자세, 좌상비틀기, 나비 자세, 영웅 자세, 소얼굴 자세, 한발등펴기, 박쥐 자세, 누워다리돌리기, 쟁기 자세, 어깨 물구나무 자세 등 갖가지 요가 동작들이 대중 매체를 통해 소개가 되고 있다.

그리고 이러한 요가 수행을 하면 만성 피로, 스트레스, 숙취, 불면증, 화병, 고혈압 등은 물론 호흡기질환, 소화기질환, 관절질환, 신경질환, 내분비질환, 비뇨생식기질환, 피부질환, 심지어는 비만 및 각종 통증들에도 효과가 있다고 한다.

그래서 교회 내에서도 요가를 적극적으로 가르치는 곳이 날로 늘어나고 있는 것이 현실이다. 그러나 진정 거듭난 그리스도인이라면 요가는 반성경적인 뉴에이지기법임을 알아야 한다.

요가란 말은 산스크리트로서 결합한다는 어원인 '유즈'에서 시작되었으며, 마음을 긴장시켜 어떤 특정한 목적에 상응 또는 합일(合一)한다는 의미를 갖는다. 즉 요가는 '함께 묶는다'는 뜻으로 육체적, 정신적, 심리적 에너지의 복합체를 의미한다.

요가의 형태들로는 신체훈련을 위한 것인 하싸 요가, 몸과 마음의 치료를 위한다고 하는 쿤달리니 요가, 또 의학계뿐 아니라 큰 회사들에서 경영수단으로까지 사용되어지는 탄트라 요가 등 다양한 방법들이 있다.

그런데 루시 리델의 요가 교과서를 보면 "모든 요가들은 최종적으로 같은 목표 즉 '브라만'(Brahman: 힌두교의 기본교리 중 형태도 없고 표현할 수도 없고 알 수도 없으며 보이지 않는 비인격적인 힘으로서 우주의 모든 것을 지칭함) 곧 '신'과의 연합을 이루기 위함이다. 이 참된 지혜를 얻기 원한다면 이 요가들의 여러 방법들이 종합적으로 행해져야만 한다."고 씌어 있다.

다시 말해서 여러 종류의 요가 기법들은 무의식의 황홀경에 쉽게 빠지도록 하려는 것이며, 최후의 목표(제8단계)인 '사마디'에 도달하여 소우주인 자신이 자연(대우주)과 하나로 통일되는, 즉 신아일치경(神我一致境)을 이루도록 하려는 것이다.

요가를 수련하는 행위 자체는 육체를 단련하는 한 방법일 수 있기 때문에 일시적으로 건강에 도움이 될 수 있다.

그러나 요가의 궁극적인 목표는 수행자 스스로가 그리스도가 되고자 한다는 사실을 기억하여야 한다. 또 요가를 수행함으로써 마음이 비워지고 '프라나'(prana; 몸안에 흘러야만 하는 중요한 에너지)의 흐름이 용이하게 된다고 하는데, 여기서 말하는 에너지는 사실 마귀의 영임을 알아야 한다.

따라서 요가에 몰입하다 보면 그 사람의 혼과 영을 '함께 묶는'(yoga) 불법 고리가 형성될 수 있기 때문에 그리스도인이라면 요가를 단호하게 배격해야 하는 것이다(고후10:5; 벧전5:8; 살전5:22).

"악은 모든 모양이라도 버리라."(살전5:22, 개역)

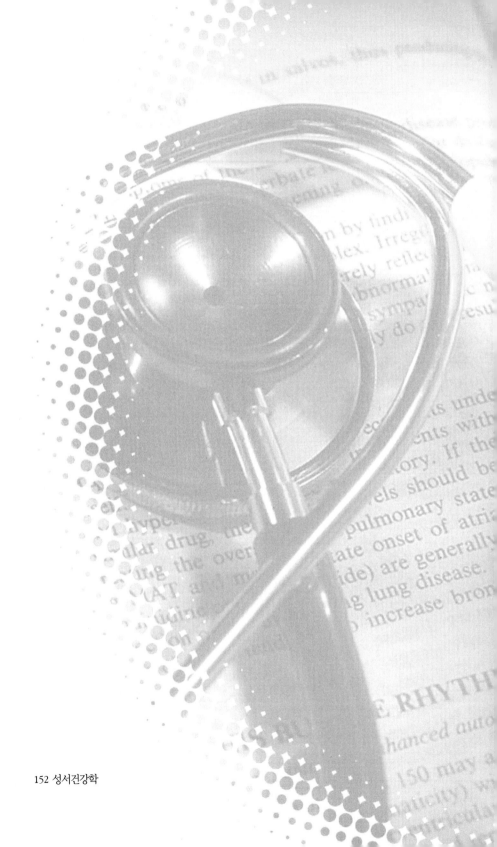

최면

지난 달 미국 베일러 대학 연구팀이 '임상종양학저널'에 밝힌 바에 의하면 최면이완요법이 폐경여성에서 흔히 나타나는 안면홍조증상을 줄이는 데 효과적인 것으로 나타났다.

아울러 폐경 여성들이 종종 호소하는 수면부족과 사회적 상호작용장애 등도 최면이완요법을 받은 여성들 대부분에서 크게 줄어드는 것으로 관찰됐다.

미국에서 1958년에 공식 의료기술로 인정받은 최면요법은 반세기를 지나 오면서 다양한 영역에서 건강을 증진시키는 효과적인 방법으로 자리를 잡아가고 있다.

불안신경증, 공포장애, 강박장애, 우울증, 조울증, 정신분열증 등 신경정신과적 질환들에 주로 사용되던 최면요법은 최근 들어 금연, 다이어트, 스트레스 해소 등에도 널리 이용되고 있다.

그리고 대체의학이 활성화된 나라들에서는 통증, 천식, 과민성 대장증후군, 메스꺼움과 구토, 입덧, 분만, 야뇨증, 알레르기 반응, 사마귀, 신경인성 방광, 마취 등에도 사용되고 있다.

이처럼 최면요법의 긍정적인 효과가 많이 알려지고 있지만 최면요법이 어떤 기전으로 작용하는지는 아직 정확히 밝혀지지 않고 있다. 다만 뇌의 신경 경로를 활성화시켜 엔돌핀 같은 천연 아편을 분비시키고, 이것이 면역계를 통해 우리의 행동, 통증에 대한 감각, 기타 다양한 주관적 증상들을 변화시키는 것으로 추론할 뿐이다.

그러나 영적으로 보면 '과학' 이라는 미명하에 인간의 무의식 속에 있는 무한한 잠재력을 일깨워 신적인 정신력을 가진 존재 곧 '고차원적 의식' 을 지닌 진화된 인간을 만드는 도구로 사용될 수 있음을 알아야 한다.

일부 정신과의사들이 최면상태에서 전생의 기억을 더듬어 숨어 있는 문제점을 찾아내 현재의 병을 고친다는 '전생요법' 을 하고 있는데, 이는 과학적 증거가 전혀 없는 것일뿐더러 힌두교의 핵심 사상인 카르마와 환생을 통한 우주적 진화를 그럴 듯하게 포장하기 위한 것이다.

환자들을 생명의 초기 형태로 역행시켜 원숭이나 도롱뇽, 올챙이 등으로서의 기억들(?)을 일깨워 줌으로 그들을 진화의 다음 단계로 인도하면서 결국 인간이 신이라는 뉴에이지 사상을 그들 자신도 모르게 받아들이도록 만드는 것이다(창3:5; 롬3:23; 히9:27).

최면상태의 암시가 깨어난 뒤에도 계속되는 '최면후 효과'나 과거퇴행 최면요법에서 나타나는 '거짓기억증후군' 등과 같은 부작용들도 그렇지만, 최면요법의 가장 큰 문제는 복음의 빛이 가려지는 것임을 잊지 말아야 한다(신18:10,11; 고후4;4).

"그들 속에서 이 세상의 신이 믿지 않는 자들의 마음을 가려 하나님의 형상이신 그리스도의 영광스런 복음의 빛이 그들에게 비치지 못하게 하였느니라."(고후4:4)

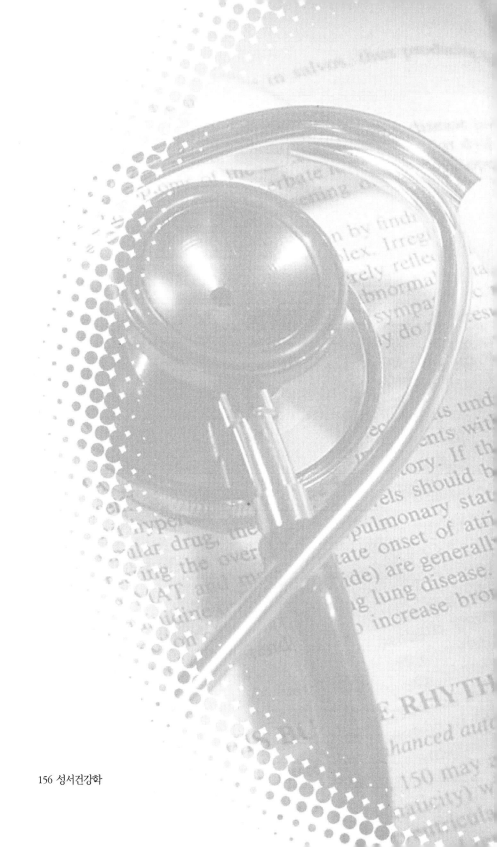

7

뇌호흡

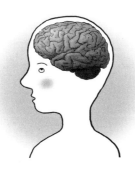

"뇌 세포를 활성화시킵니다. 집중력, 기억력, 학습능력 등이 향상됩니다. 이성과 감성이 조화된 인성계발이 가능합니다. 자신의 삶을 스스로 개척하고 조율해 나갈 수 있는 능력이 생깁니다. 직관력, 통찰력 등이 계발됩니다."

이상의 내용은 '무한한 뇌의 가능성을 열어간다'는 슬로건 하에 뇌호흡이 내세우는 효과들이다.

지난해 방송위원회에서 '의학적 · 과학적 근거가 없다'고 판단되어 공공장

소인 지하철 등에서 관련 광고가 철거되었음에도 불구하고 아직도 수많은 사람들이 뇌호흡을 수행하고 있다.

특히 단월드 회원 중 기독교인이 31%라는 통계가 말해주듯이 기독교인들조차 뇌호흡을 하나의 과학적 건강법으로 받아들이고 있는 것이 현실이다.

그러나 성경적 관점에서 볼 때 뇌호흡은 미혹의 함정이요, 단지 우리를 하나님께로부터 멀어지게 만드는 교묘한 덫이라는 사실을 알아야 한다. 이것은 뇌호흡을 하여 눈을 완전히 가리고도 책을 읽게 된 한 초등학생이 "뇌호흡을 하면 이마에서 빛이 나와서 화면으로 다 보여요."라고 한 말에서 그 실마리를 풀어 볼 수 있다.

티벳에 살던 고대의 라마들은 매우 흥미로운 이상한 수술을 행했는데, 그것은 뇌 중앙에 있는 솔방울 모양의 내분비기관인 송과선을 잘라내는 것이었다. 달라이 라마와 동료들이 진정한 라마가 되기를 원하는 초심자의 이마에 금속핀을 꽂고 송과선 근처에다 대나무 가시를 집어넣게 되면 그는 이마의 중간에 '세 번째 눈' 곧 '모든 것을 보게 되는 눈'을 갖게 된다고 한다. 이 수술이 성공적으로 이루어지면 그 사람은 자기가 만나는 사람의 머리나 몸에서 색깔이 있는 오로라를 볼 수 있는 능력을 소유한다고 주장한다.

멜라토닌을 분비하는 기관으로 잘 알려져 있는 송과선은 멜라토닌에 의해 생체 리듬에 영향을 줄 뿐 아니라 여러 내분비 기관들에 대해서 직접적인 조절작용도 하며 더 나아가 피놀린 등을 만들어 정신력을 조절할 수 있다고 보고되고 있다.

송과선은 물론 수많은 신체기관의 해부생리에 대해 잘 모르던 고대인들이 미혹의 영에 이끌려 송과선을 인위적으로 조작하여서 모든 것을 보고자 하는 세 번째 눈을 가지려 한 사실은 동양에 널려 있는 불상에서 잘 볼 수 있으며, 또 이름은 조금씩 다르지만 북미의 '행운의 동전'이나 고대 이집트의 '호루스의 눈' 또는 남유럽, 북아프리카, 중동, 인도, 멕시코 등의 갖가지 부적들과 심지어는 프리메이슨의 심벌에서도 명백하게 나타나고 있다.

원래 이름이 루시퍼로서 빛나는 존재였던 사탄은 빛의 천사로 가장하여 우리에게 접근한다(사14:12; 고후11:14). 선악과를 따먹으면 눈이 밝아져 신들과 같이 될 것이라고 유혹하였던 사탄은 지금도 같은 방법으로 뇌호흡을 통해 우리에게 다가옴을 기억하자(창3:5).

"그것은 결코 놀랄 일이 아니니 사탄도 자기를 빛의 천사로 가장하느니라."(고후11:14)

BEST
HEALTH *from*
BIBLE

06 이슈

안락사 | 자살 | 최진실법 | 장기기증 | 장애인 | 광우병 | 게놈

1

안락사

며칠 전 안락사를 요청하는 소송에 대한 현장검증이 서울 소재 한 대학 병원에서 실시되었다.

식물인간 상태가 된 환자의 자녀들이 어머니에게서 인공호흡기를 뗄 수 있게 해 달라며 낸 소송과 관련해 재판부가 환자의 상태를 직접 보기 위해 비공개 현장검증에 나선 것이다.

재판부는 아직 안락사 문제에 대해 충분히 공론의 장(場)이 형성된 적이 없었기에 이 소송을 계기로 많은 사람들이 관심을 갖고 안락사 문제에 대해 생각해 볼 수 있도록 법원이 최선을 다하기 위해 현장검증까지 실시한 것이라고 밝혔다.

이번 소송의 결과가 어떻게 나올지, 그래서 우리나라에서 안락사에 대한 법리적 규정이 어떻게 바뀔지 예측할 수 없지만 안락사는 단지 죽음을 인공적으로 연장하는 의료장비를 제거하는 '소극적' 방임뿐 아니라 약물 등 치명적인 수단에 의해 환자를 죽이는 '적극적' 행위까지 포함하는 개념이다.

그래서 안락사는 공동의 이해 속에서 '존엄한 죽음'이라는 미명하에 합법적으로 살인을 하는 것에 다름이 아닌 것이다.

그렇다면 성경은 안락사에 대해 어떻게 말하고 있는가?

먼저 성경에 나온 안락사의 예들을 살펴보자. 한 여인이 던진 맷돌에 의해 두개골이 깨진 아비멜렉이 수치스런 죽음을 피하기 위해 자신의 병기 드는 청년의 칼에 죽은 사건과 블레셋과의 전투에서 화살에 맞아 죽게 된 사울이 고통을 줄이기 위해 아말렉 사람에게 부탁하여 최후를 맞은 경우는 전형적인 안락사라 할 수 있다(삿9:53,54; 삼하1:6-10).

그런데 다윗은 사울의 죽음을 도와주었던 행위를 자비로운 것이라고 칭찬하지 않았다. 다윗은 오히려 그 아말렉 사람이 주의 기름부음 받은 자를 죽이는 것을 두려워하지 않았다는 이유로 그를 죽이라고 명령하였다(삼하1:13-16).

하나님은 모든 인간을 하나님의 형상으로 만드셨다(창1:26,27; 9:6). 그래서 살인을 한 경우 외에는 오직 하나님만이 인간의 생명을 거두실 권한이 있음을 말씀하고 있다(창9:6).

즉 안락사가 허용되어서는 안되는 가장 중요한 이유는 생명의 주인은 하나님이시기 때문이다(창2:7; 시21:4; 36:9; 행17:25). 생사를 주관하시는 하나님을 무시하고 인간 스스로 죽음의 순간을 결정할 수는 없는 것이다(신 32:39; 삼상 2:6,7; 시68:20).

더욱이 그리스도인들의 몸은 자신들의 것이 아니라 주님께서 값을 치르고 사신 것이기 때문에 생명의 존엄성을 훼손시키는 안락사는 결코 허용되어서는 안되는 것이다(행20:28; 고전6:19,20; 7:23; 벧전2:9).

"너희 몸이 너희가 하나님께로부터 받은바 너희 안에 계신 성령님의 전인 줄을 너희가 알지 못하느냐? 너희는 너희 자신의 것이 아니니 주께서 값을 치르고 너희를 사셨느니라."(고전6:19,20상)

자살

요즈음 한 탤런트의 자살 사건이 매스컴에 연일 보도가 되고 있다. 원래 밝은 이미지의 연예인이었고 또 인기 있는 동료 연예인과 결혼한 지 얼마 되지 않은 잉꼬부부였기에 그의 자살 소식은 많은 시민들을 깊은 충격에 빠지게 하였다.

특히 이들 부부는 신앙간증을 공개적으로 할 정도로 신실한 그리스도인으로 알려져 있었기에 그리스도인들이 느끼는 당혹감은 이루 말할 수 없을 것이다.

이 사건처럼 스스로 생을 마감하는 안타깝기 짝이 없는 경우들을 방지해보고자 지금까지 많은 학자들이 자살에 대한 연구를 해왔지만 뚜렷한 성과는 나오지 않고 있다.

두 달 전 캐나다의 한 생리학 교수가 자살자의 뇌에서 불안과 스트레스를 조절하는 특정 유전자에 영향을 미치는 단백질이 과도하게 만들어진다는 사실을 발표하여 마치 자살 유전자를 찾아낸 것처럼 보도한 언론도 있었지만, 아직까지 의학적으로 자살을 확실히 방지하는 약제의 개발은 요원한 상태이다.

왜냐하면 자살은 무엇보다도 개인적인 고뇌와 절망에 의한 것으로서 자살에는 너무도 많은 요소들이 개입되어 있으므로 일정한 형태나 모두에게 적용되는 규칙성 등이 발견될 수 없기 때문이다.

아울러 자살에는 영적인 요소가 분명히 존재하기 때문이다(엡6:12; 벧전5:8).

우리가 영적으로 심히 곤고하게 되면 자살의 충동이 생길 수 있음을 알아야 한다.

구약을 대표하는 자로서 이 세상에서 가장 온유한 사람이라 인정받은 모세도 자살을 생각하였었다(민11:15; 12:3; 요1:17). 또 성도들에게 인내의 본이되는 자로서 완전하고 곧바르며 하나님을 두려워하고 악을 멀리하였던 욥도자살을 원하였었다(욥1:1; 7:15,16; 약5:11). 그리고 메시야가 오기 전에 보냄을 받아야 하는 자로서 죽음을 맛보지 않고 승천하였던 엘리야도 자살을 구하였었다(왕상19:4; 왕하2:11; 말4:5).

또한 자살하면 반드시 지옥에 갈 것이라고 단정하는 것은 성경적 근거가

없음을 알아야 한다(삿16:21-31; 히11:32; 삼상28:19; 31:1-6). 진실로 예수
님을 구주로 영접한 적이 있는 사람이라면 어떠한 죽음을 맞더라도 천국에
가는 것이 사실이다(요1:12; 롬10:9,10).

그러나 그리스도인으로서 자살을 하지 말아야 할 이유들은 너무도 확고하
다.

첫째, 하나님께서 살인을 금하시기 때문이다(출20:13; 요일3:15). 둘째, 인
간이 하나님의 형상으로 창조되었기 때문이다(창1:26,27; 9:6). 셋째, 생명의
주인은 하나님이시기 때문이다(창2:7; 욥33:4; 시21:4; 36:9; 행17:15). 넷
째, 생사를 주관하시는 분은 하나님이시기 때문이다(신32:39; 삼상2:6,7; 욥
1:21; 시68:20). 다섯째, 그리스도인의 몸은 그리스도의 것이기 때문이다(행
20:28; 고전6:19,20; 엡5:29,30; 벧전2:9). 여섯째, 복음이 훼손되기 때문이
다(요3:16; 10:10). 일곱째, 예수님의 지상명령에 불순종하는 것이기 때문이
다(창1:28; 마28:19,20; 갈2:20).

3

최진실법

지난 주 온 국민을 경악케 한 최진실씨의 자살은 악성루머 때문인 것으로 알려졌다. 이후 그녀의 죽음을 계기로 인터넷상의 악성 댓글을 뿌리 뽑기 위해 일명 '최진실법'의 제정이 추진되고 있다는 보도가 있었다.

아울러 경찰은 인터넷을 통한 허위사실 유포자와 악질적, 상습적 '악플러'를 구속수사한다는 방침을 세우고 집중단속에 착수했다는 소식도 들린다.

때늦은 감이 있지만 익명성을 이용해 인터넷상에서 타인을 비방하여 심적 고통을 주고 그로 인해 우울증을 유발시켜 자살하도록 만드는 행위를 법으로 엄하게 다스리겠다는 것은 올바른 처사라 생각된다.

또한 최근 보건복지가족부가 우울증 조기 검진을 위해 현재 초·중·고생 10만 명을 대상으로 시범실시 중인 정신건강 검진을 성인으로 확대하기로 한 것도 국민건강을 위해서는 매우 바람직한 방침이라 여겨진다.

우리가 무심코 뱉는 말 한마디가 건강에 영향을 미친다고 하는 사실은 정신신체의학이 발달하기 수십 세기 전에 살았던, 역사상 가장 지혜로운 인물인 솔로몬이 잘 표현하고 있다(잠12:18; 16:24).

"칼로 찌르듯이 말하는 자가 있거니와 지혜로운 자의 혀는 건강하게 하느니라."(잠12:18)

"즐거운 말들은 벌집 같아서 혼에게 달고 뼈에게 건강을 주느니라."(잠16:24).

또한 솔로몬은 최진실씨의 자살원인이 된 악성루머가 얼마나 건강에 해악을 끼치는지 잘 설명하고 있다(잠18:8; 26:22).

"소문을 퍼뜨리는 자의 말들은 상처들과 같아서 뱃속의 가장 깊은 데로 내려가느니라."(잠18:8)

그런데 최진실법의 형량이 어떻게 정해질지 알 수 없지만 성경적으로는 수군수군하거나 뒤에서 헐뜯을 경우 '사형'에 해당이 된다(롬1:29-32).

그렇다면 최진실법에는 걸리지 않을지라도 성경적 기준으로 사형을 면할 사람은 없을 것이다. 왜냐하면 우리 속에는 '악플'을 구상하는 갖가지 더럽고 악한 생각들이 늘 존재하고 있기 때문이다(마15:10-20; 롬3:10,12,23).

그러나 우리에게는 예수 그리스도가 계신다. 예수님으로 인해 말로 지은 죄뿐 아니라 어떠한 죄악도 다 용서받고 영원한 죽음의 형벌에 이르지 않을 수 있음을 감사하자(롬5:8-10; 6:23).

그리고 이제는 비방과 허위와 악플이 아니라 따뜻한 말과 웃음과 칭찬으로 이웃을 세워주도록 하자(롬14:19; 살전5:11). 예수님의 사랑에 감사하며 주님께서 원하시는 이웃 사랑을 실천할 때 최진실법은 무용지물이 되고 말 것이다.

"사랑은 자기 이웃에게 해를 끼치지 아니하나니 그러므로 사랑은 율법의 완성이니라."(롬13:10)

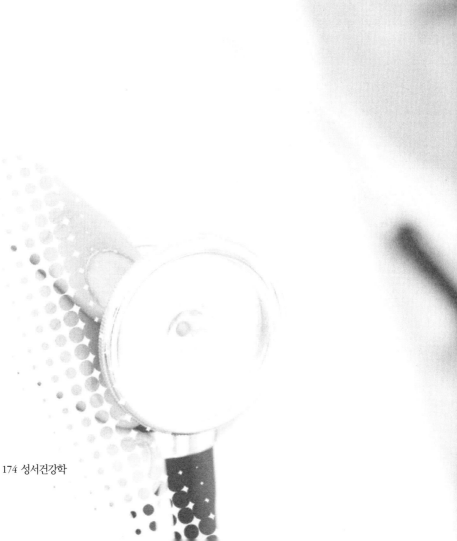

4

장기기증

지 난 주 서울대병원은 국내에서 처음으로 사망한 사람의 간을 떼어내 이식하는 수술에 성공했다고 밝혔다.

지금까지 간은 혈액공급에 쉽게 영향을 받는 장기이므로 생체이식만 가능했었다. 그런데 이번 수술은 장기기증자가 턱없이 부족한 현실에서 모자라는 장기를 대체할 수 있는 한 가지 방안을 제시했다는 점에서 큰 의미가 있다.

지난 한 해 국내에서 신장이나 간을 이식받은 환자는 천사백여 명이지만 여전히 이만여 명의 환자들이 장기이식을 기다리고 있다. 또 지난 한 해 국내에서 장기를 기증한 뇌사자는 148명으로서 이는 뇌사자 100만 명에 3.1명꼴로 장기이식이 이뤄지는 것으로, 장기기증이 활성화된 스페인의 30명, 미국의 25명과 비교하면 너무나 부족한 실정이다.

우리나라에서 장기기증이나 시신기증이 잘 이뤄지지 않는 이유는 신체 훼손을 금기시하는 사회 분위기 때문이기도 하지만 일부 기독교인들의 잘못된 믿음에 기인하는 바도 있다. 즉 신체가 온전한 상태로 매장되지 않을 경우 부활에는 적절치 않을 것이라고 우려하는 시각도 있기 때문이다(전6:3; 렘 8:2,3; 단12:2).

그러나 장기기증이나 장애로 신체가 일부 훼손되었거나 또는 화장으로 신체가 완전히 소실된 채 이 세상을 떠나갔다 하더라도 부활 때는 전혀 문제가 없는 것이 사실이다(살전4;17; 계21:4; 22:3).

오히려 성경은 자신의 몸을 희생해 우리를 구원하신 예수님처럼 우리도 자신을 버리며 이웃을 사랑할 것을 강권하고 있다(요15:12-15; 요일3:16). "하나님께서 우리를 위해 자신의 생명을 버리셨으므로 우리가 이로써 그분의 사랑을 깨닫나니 우리가 형제들을 위해 우리의 생명을 버리는 것이 마땅하니라."(요일3:16)

특히 병들어 고통 가운데 있는 이웃을 섬길 의무가 있음을 말씀하고 있다(마10:8). "병든 자들을 고쳐 주고 나병 환자들을 정결하게 하며 죽은 자들을 살리고 마귀들을 내쫓되 너희가 거저 받았으니 거저 주라."(마10:8).

아울러 이웃을 섬기되 자신을 사랑하는 것처럼 섬길 것을 명령하고 있다(레19:18; 마22:39; 눅10:27). "너는 원수를 갚지 말고 네 백성의 자녀들에게

원망하지 말며 네 이웃을 네 자신과 같이 사랑하라. 나는 주니라."(레19:18)

이제 영생을 얻게 되는 우리에게 육체는 이 땅에 있는 동안만 필요한 것임을 인식하도록 하자(계21:4). 그리하여 장기기증이나 시신기증을 통해 하나님께서 기뻐 받으실 수 있는 사랑의 삶을 살아가도록 하자.

"사랑하지 아니하는 자는 하나님을 알지 못하나니 이는 하나님은 사랑이시기 때문이라."(요일4:8)

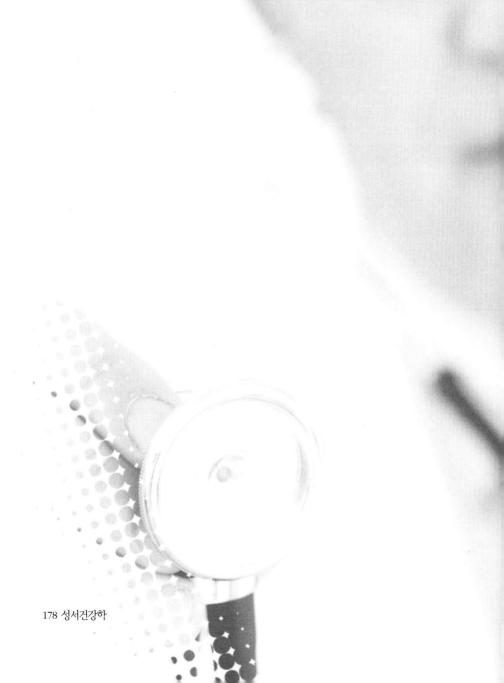

5

장애인

지난 주 보도된 '2007 민간부문 장애인의무고용 현황' 자료에 따르면 대기업들이 장애인의무고용을 위반하여 납부한 부담금은 모두 수백억 원에 이르는 것으로 나타났다.

또한 1,000명 이상 대규모사업장 598곳 중 장애인의무고용을 위반한 사업장은 총 468곳(78.3%)이었으며 장애인 근로자를 단 1명도 채용하지 않은 기업도 7곳이나 되는 것으로 확인됐다.

'장애인의무고용'이 도입된 지 17년이 지났건만 취업을 희망하는 장애인에게 꿈과 희망인 이러한 법규조차도 잘 지켜지지 못하는 현실에서 장애인들이 사회적으로 받는 차별과 설움은 이루 말할 수 없을 것이다.

그러면 왜 '사랑의 하나님'(요일4:8,16)께서는 우리에게 장애를 허락하시는 것일까(요1:1-3; 출4:11; 시139:13,15,16; 요9:3)?

첫째로, 예수님께서 창조의 방법론을 사용하셔서 장애를 고치신 사실에서 알 수 있듯이 영혼을 구원하기 위함이다(창1:2; 요6:28,29; 9:4-7,25,35-38; 고전9:1).

둘째로, 장애인은 들러리가 아닌 복음의 주빈임을 선포하여 우리들의 영적 장애를 깨닫게 하기 위함이다(겔12:2; 눅14:1-24).

셋째로, 능력이 중시되는 경쟁사회에서 지혜로운 자들과 강한 자들을 부끄럽게 만들고 있는 자들을 쓸모없게 하기 위함이다(고전1:27-29).

넷째로, 장애와 같은 한계상황도 다스리시는 하나님을 바라보도록 믿음의 훈련을 시키기 위함이다(시119:71; 잠3:11,12; 애3:32,33)

다섯째로, 선한 사마리아인의 비유를 통해 알 수 있듯이 장애인이 나의 이웃임을 알려주기 위함이다(눅10:30-37).

그런데 성경에 등장하는 믿음의 선진들을 보면 장애는 오히려 복이 된다는 사실이 더욱 분명해진다.

아브라함이 복을 받고 믿음의 조상이 된 배경에는 인간의 힘으로 아기를 가질 수 없는 사라의 장애가 있었다(창12:1-3; 18:9-15). 야곱도 하나님의 사자와 씨름하다 넓적다리의 뼈가 위골이 된 후 영적인 복을 받게 되었다(창32:13-32).

이밖에 이방신 다곤을 예배하던 블레셋 사람 삼천 명 이상을 한 번에 죽였던 시각장애인 삼손(삿16:21-31), 여로보암 시대에 시각장애가 있었지만 대언자의 역할을 잘 감당했던 아히야(왕상14:4), 탈모증의 장애를 극복하고 멋있게 쓰임 받았던 엘리사(왕하2:23) 등 구약의 인물들이나 또 '육체의 가시'로 인해 평생 고통을 겪었지만 하나님께 늘 순종했던 사도 바울(고후12:7)도 장애가 있었음으로 인해 하나님께 더 가까이 나아가는 복을 얻을 수 있었다.

"그러므로 내가 그리스도로 인하여 연약한 것들과 치욕과 궁핍과 핍박과 고난당하는 것을 기뻐하노니 이는 내가 약할 그때에 강하니라."(고후12:10)

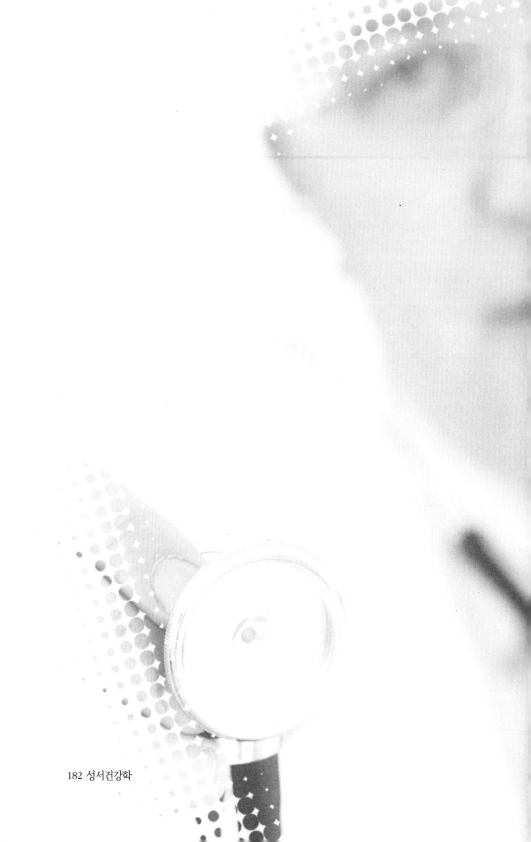

6

광우병

광우병의 광풍이 몰아치고 있다. 미국 산 쇠고기 수입에 반대하는 한 언론매체의 보도로 촉발된 이번 사태는 촛불집회와 인터넷 서명운동 등을 통해 순식간에 전 국민의 관심사가 되어버렸다. 또한 연일 각 매스컴에서 쏟아지는 광우병 관련 뉴스들은 단지 건강에 관한 논쟁의 영역을 벗어나 정치, 경제, 사회 등 우리 삶의 모든 영역을 뜨겁게 달구고 있다.

그러나 아쉽게도 이 광우병의 기저에 놓여 있는 영적인 문제점들은 그 중요성에도 불구하고 대부분 간과해버리고 있는 것이 오늘의 현실이다.

광우병은 잘 알려졌다시피 양의 시체를 먹은 소에게서 처음으로 발견이 되었는데, 이 광우병 걸린 소를 인간이 먹으면 광우병을 일으키는 변형된 단백질 '프리온'이 인간에게 들어와 치명적인 인간광우병(vCJD)을 일으키게 된다.

하나님께서는 인간에게 온 우주만물을 다스릴 수 있는 권한을 위임해 주셨다(창1:28). 그리고 노아의 홍수 이후 육식을 허락하시면서 동물이나 식물이나 어떠한 사물이든지 '섞지 말라'고 명령하셨다(창9:3; 레19:19). 그런데 하나님께서 제정한 창조의 질서를 무시하면서 초식동물인 소에게 육식을 시킨 결과 이처럼 광우병이란 새로운 역병의 심판을 하나님께로부터 받게 된 것이다(출9:15; 시78:50; 렘21:6; 합3:5; 히12:23).

특히 더 많은 돈을 벌기 위해 공장형 집단사육을 하면서 잘못된 사료를 준 것은 창조주 하나님 대신 맘몬을 섬기는 우상숭배에 다름이 아니다(마6:24; 롬16:18).

그래서 하나님께서는 인간에게 해를 입히는 많은 인수 공통 전염병 중 특별히 소의 역병을 통해 우상숭배의 죄악을 깨닫게 하시는 것이라 여겨진다. 왜냐하면 고대로부터 소는 인간들이 하나님을 떠났을 때 주로 섬기던 대상이며, 또 타락한 루시퍼의 얼굴도 소로 묘사되고 있기 때문이다(출32:1-6; 왕상12:25-33; 겔1:10; 10:14; 28:14).

그리고 하나님께서 기독교문화권의 대표 지역으로서 시간, 공간, 언어 등의 절대적 기준이 있는 영국에서 광우병이 처음 발견되도록 하신 사실을 볼 때, 하나님께서는 광우병을 통해 우리가 하나님께 대한 절대적인 믿음을 갖지 못함을 꾸짖는 것이라 생각된다(롬3:11,12; 눅18:8).

그렇지만 사랑의 하나님께서는 작금의 광우병 파동을 목도하고 있는 우리에게 우리가 위치한 이 시대의 좌표를 알 수 있는 좋은 기회를 주셨다고 생각한다(마24:7; 눅21:11).

　이제 우리는 광우병의 공포에 사로잡혀 이에 대한 갖가지 대책을 강구하는 것 이상으로 우리 영혼의 건강 상태를 철저히 점검해 보아야 할 것이다. 또 그리할 때 우리는 이 두렵기 짝이 없는 광우병의 시대를 진정 건강하게 살아갈 수 있을 것이다.

　모든 것의 심판자이시며 우리의 진정한 치료자가 되시는 예수님께서 말씀하신다(히12:23; 마9:10-13).

　"몸은 죽여도 혼은 능히 죽이지 못하는 자들을 두려워하지 말고 혼과 몸을 능히 지옥에서 멸하시는 분을 두려워하라."(마10:28).

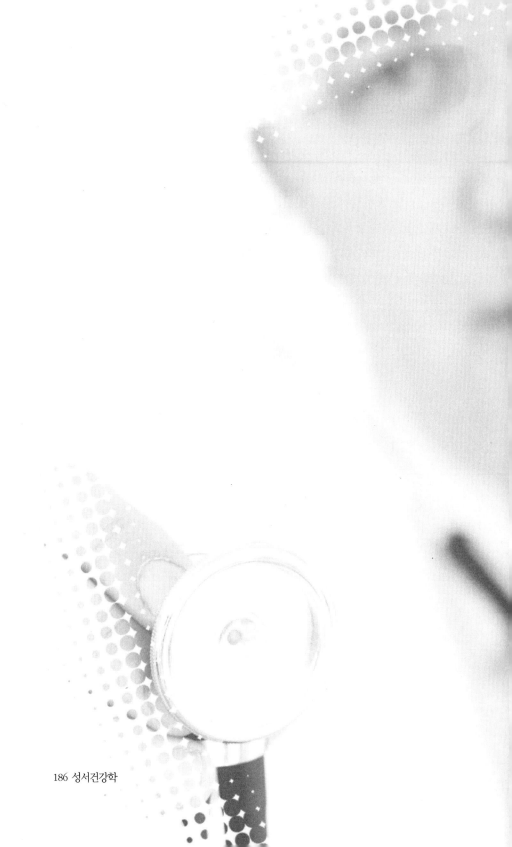

7

게놈

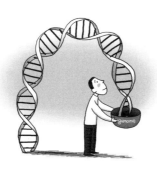

지난 주 가천의대 이길여암당뇨연구원과 한국생명공학연구원 국가생물자원정보관리센터는 한국인 유전체(genome)의 전체 염기서열 지도를 완성했다고 발표했다.

이로써 인간의 설계도에 해당하는 유전자를 구성하는 약 30억 개의 염기 순서를 짜맞춰 만든 게놈지도와 그 해독 결과가 공개된 사람은 세계적으로 다섯 번째, 국가로는 네 번째가 됐다.

이와 같은 '한국인 게놈지도 완성'이란 쾌거는 무엇보다도 한국인에게 적합한 맞춤치료가 가능해졌다는 데 큰 의의가 있다. 예를 들어 인종이나 개인에 따른 염기서열의 차이를 앎으로써 약효를 정확히 예측할 수 있기 때문이다.

또한 예방의학적 측면에서도 중요한 의미를 갖는다. 개개인의 유전적 특성을 한눈에 알 수 있는 게놈지도를 활용해 발병 가능성이 높은 질병을 사전에 예방할 수 있기 때문이다.

아울러 산업적 측면에서도 중요한데, 3~5년 뒤면 100만원 정도의 비용으로 해독한 개인 게놈지도를 휴대기억장치(USB)에 넣어 다닐 수 있다는 전망도 나오기 때문이다.

그러나 게놈지도로 인한 문제점들도 분명 나타나게 될 것이다.

첫째로, 영화 '가타카'에서처럼 열등 유전자를 가진 사람에 대한 사회경제적 차별이 발생할 수 있을 것이다(롬2:11; 약2:1,8,9). 일례로 지금도 보험회사가 개인의 건강정보를 철저히 확인하고 있는데, 앞으로 게놈지도가 대중화된 시대에는 건강한 사람일지라도 게놈에 이상이 있으면 보험가입을 거절당할 것이다.

둘째로, 유전자 정보의 관리도 문제가 될 것이다. 기업이나 국가가 아무리 노력을 한다 하여도 개인의 유전자 정보가 상업적으로 이용되거나 다양한 인권침해가 일어나게 될 것은 명약관화한 일이다(딤전4:1,2; 6:10). 특히 산전 검사 후 태아의 게놈이 좋지 않을 경우 쉽게 출생을 포기하는 등, 인간이 유전자 정보를 이용해서 자녀를 마음대로 취사선택하게 될 것이다.

셋째로, 이미 보편화된 핵치환의 수준을 넘어 유전자치환을 통해 완벽에 가까운 인간을 만들어 낼 수 있을 것이다. 즉 인간이 새롭게 생명의 창조주로 군림하는 시대가 도래될 것이다(계13:11-15).

그러나 이렇게 창조된 인간은 이미 존재하는 물질로부터 만들어진 '간접적인 창조'(mediate creation; 시51:10,17; 막7:31-37; 요2:1-11; 5:1-9; 6:5-14; 9:1-41)에 불과할 뿐이다. 삼위일체 하나님께서 '무(無)에서' 만들어내신 '직접적인 창조'(immediate creation: 창1:1,2; 요1:1,3; 골1:16)에는 결코 비견될 수 없음을 알아야 한다.

아울러 하나님의 뜻에 반하여 행해졌던 모든 행위들이 그랬던 것처럼 창조자 하나님의 영역에 도전하는 생명공학도 결국 심판받게 됨을 잊지 말아야 한다(창3:6,19; 11:4-9; 전12:13,14).

BEST
HEALTH *from*
BIBLE

07 생명

장수

새해가 되어 나이를 한 살씩 더 먹게 되었지만 누구에게든 올 한 해에도 건강하게 오래 살고자 하는 소망이 있을 것이다. 특히 지난 200년 동안 인간의 수명이 2배가량 연장이 되었고 최근 들어 괄목할 만한 의학의 발전이 이뤄지고 있기 때문에, 황금 쥐의 해인 무자년을 시작하면서 더더욱 하나님께서 노아의 홍수 후 인간에게 허락하신 120세라는 수명도 곧 가능해지지 않을까 기대를 해보게 된다(창6:3).

장수를 위한 많은 금언들이 있지만 얼마 전 영국의 일간지 인디펜던트가 보도한 10가지 건강 장수 비법을 요약하여 소개하면 다음과 같다.

먼저 '규칙적인 운동'을 하고, 건강에 '좋은 음식'을 먹되 '식사량을 적게' 하고, '정기적인 건강점검'을 받아야 한다.

일주일에 세 번 규칙적으로 걷기와 수영 등을 30분씩만 해도 수명을 몇 년 연장할 수 있고, 항산화성분과 베타카로틴이 풍부한 식품은 노화를 늦춰주며, 섭취 열량을 10~60% 줄이면 해로운 활성산소의 생산을 줄여 수명을 늘릴 수 있기 때문이다.

또한 정신적, 사회적 요소도 장수에 매우 중요하다.

'성공'은 자신감과 자기 존재감을 가져와 장수에 도움이 된다. 아카데미상을 받은 배우가 그렇지 못한 배우보다 오래 산다는 보고가 있다.

'자기 자신에게 도전'하는 삶이 바람직하다. 뇌가 자극을 받으면 면역체계가 강화돼 질병의 발생을 억제한다. 같은 맥락에서 '적당한 스트레스'가 필요하다. 스트레스가 아예 없는 것보다 약간 있는 것이 낫다. 신체에 활력을 주고 노화를 늦춰주기 때문이다.

'생활을 즐겨야' 한다. 좋은 인간관계는 장수의 비결이다. 기혼자는 독신자보다 남성은 평균 7년, 여성은 평균 2년 더 산다.

'좋은 지역'에서 사는 것이 필요하다. 100세 이상의 노인이 많이 사는 일본 오키나와처럼 어느 곳에서 사느냐도 장수에 중요한 요소이다.

마지막으로 '신(神) 혹은 친구'를 찾는 것이 장수에 큰 영향을 미친다.

종교를 가진 사람이 무신론자보다 평균 7년 더 산다는 연구결과가 있다.

그렇다면 평균 7년이나 더 살게 해주는 장수비법이 성경에 나와 있는 것일까? 그렇다. 본 성서건강학 칼럼을 통해 제시되는 모든 내용이 장수와 관계되는 것이지만 특별히 구체적으로 7가지 장수의 비법이 성경에 언급되어 있다.

첫째, 주 하나님을 두려워해야 한다(잠10:27; 전8:12,13). 둘째, 부모를 공경해야 한다(출20:12; 엡6:1-3). 셋째, 지혜를 찾아야 한다(잠3:16). 넷째, 악한 말과 교활한 말을 하지 말아야 한다(시34:12-14). 다섯째, 긍휼을 베풀어야 한다(신22:6,7). 여섯째, 탐욕을 미워하여야 한다(잠28:16). 일곱째, 주께 생명을 구해야 한다(시21:4).

이러할 때 하나님께서는 우리에게 장수의 복을 넘치도록 주실 것이다.

"그가 주께 생명을 구하매 주께서 그에게 그것을 주셨사오니 곧 영원무궁토록 많은 날을 주셨나이다."(시21:4)

노화

사 람은 태어나면서부터 죽음에 이르는 노화의 과정을 시작하게 된다. 그런데 성경에는 각종 노화방지책들이 소개되고 있는 오늘날보다 10배 이상 노화가 늦춰진 시대가 기록되어 있다. 즉 노아의 홍수 이전 사람들은 평균 912년을 살았다(창5:3-32).

그렇다면 왜 그 당시에는 노화가 그처럼 느리게 진행이 되었던 것일까?

노아의 홍수 전에는 지구 전체에 걸쳐 대기권 위에 물층(water canopy)이 있었기 때문에 가능하였다(창1:7). 이 물층은 태양으로부터 오는 고주파 방사선 곧 감마선, X선, 자외선 등 유해광선들을 차단함으로 노화를 막았을 것이다. 잘 알려진 대로 고주파 방사선은 인간의 세포를 파괴시키고 급격한 노쇠현상을 일으키기 때문이다.

또 물층을 쉽게 통과한 원적외선과 가시광선은 지표면에 흡수돼 열선으로 바뀌어 지구를 따뜻하게 하는 '온실효과'를 가져왔기 때문에 노화는 서서히 이루어졌을 것이다.

그러나 홍수 이후 물층이 사라지면서 인간이 혹독한 자연환경에 노출됨과 동시에 노화의 과정도 빠르게 진행되기 시작하였다(창8:22).

특별히 에너지를 얻기 위한 과정인 호흡과 소화를 통해 필연적으로 발생하는 '활성산소'가 점차 과다하게 생성되기 시작하여 노화가 촉진되었다.

그래서 활성산소를 처리해줄 수 있는 항산화효소가 체내에서 제대로 생성되지 않거나 또 밖에서 항산화제가 충분히 공급되지 않는다면, 노화는 급격히 진행되어 사람은 30년도 채 살지 못할 수 있다.

그런데 강력한 항산화제로서 노화를 방지해주는 비타민 C의 경우 개, 소, 말 등 거의 모든 포유류에서는 스스로 체내합성이 되지만 인간은 그렇지 못하다는 사실이 얼마 전부터 잘 알려지게 되었다.

아울러 최근에는 인류가 간에서 비타민 C를 생합성할 수 있는 유전자의 흔적을 방사선 동위원소로 추적하여 확인케도 되었다. 아마도 바벨탑 사건 때 이 유전자의 기능이 상실되었을 것으로 여겨지는데, 어찌되었든 사람도 다른 포유동물이 비타민 C를 체내에서 생합성하는 정도로 비타민 C를 밖에서 보충해 준다면 노화가 늦춰져 하나님께서 허락하신 120세를 향유할 수 있을 것이다(창6:3; 신34:7).

인간의 머리카락이나 피부세포의 주기를 보더라도 인간의 유전자는 120세를 살 수 있도록 프로그래밍 되어 있는 것이 사실이다. 따라서 비타민 C를 통해 노화를 잘 관리하여 주님께서 주시는 장수의 복을 누릴 수 있는 지혜를 갖도록 하자.

"그런즉 우리에게 우리의 날수 세는 것을 가르치사 우리가 지혜에 이르도록 우리의 마음을 쓰게 하소서."(시90:12)

3

불임(不姙)

불임이란 정상적인 부부관계를 1년간 하여도 임신이 되지 않거나 아기
를 이미 낳은 뒤로 2년 이상 임신을 못하는 경우를 말한다. 최근 한
통계자료에 의하면 2007년 현재, 우리나라에서 불임부부들의 수는 8만7천
쌍이 넘는 것으로 보고되고 있다.

자녀를 두지 않고 맞벌이를 하며 돈과 출세를 인생의 목표로 삼는 딩크
(DINK)족과 달리 아기를 갖기 위해 각고의 노력을 경주하는 불임부부들의

애환은 상상을 초월하기도 한다.

이것은 성경 속에 나타난 불임부부들의 경우에도 마찬가지였다. 특히 아브라함과 사라, 야곱과 라헬, 엘가나와 한나가 겪었던 불임의 시련은 실로 엄청난 것이었다(창16:1-6; 18:9-15; 25:19-23; 30:1-13, 22-24; 삿13:2-5; 삼상1:4-18; 눅1:5-7).

그들은 결혼 후에 당연히 찾아올 태의 열매를 오랜 동안의 기다림과 기도 끝에 힘겹게 얻어야 했다. 당연하다고 여겨지던 권리를 하나님께 온전히 내어드리기 위한 뼈저린 훈련을 체험해야 했다.

그렇지만 이들은 불임의 과정을 통하여 하나님께서는 약속하신 것을 반드시 지키시는 분이시며, 그렇게 되는 데는 그분께서 정하신 시간과 방법이 있음을 배울 수 있었다(전3:1). 또한 하나님께서는 우리의 육적 출생을 주관하실 뿐 아니라 영적인 출생(重生)을 관할하시는 만유의 주인이시라는 사실도 깨달을 수 있었다(롬11:36; 엡4:6).

그렇다면 오늘을 살아가는 불임부부들에게도 이와 같은 영적인 접근이 반드시 필요하리라 생각된다.

불임클리닉을 찾아가 최첨단 의학기술에 의해 불임 문제를 해결 받는 것도 좋겠지만, 하나님께서 진정 원하시는 불임의 해결책이 무엇인지 진지하게 성경 말씀을 통해 고민해볼 수 있었으면 한다.

성경은 혈연중심으로 가족을 말하지 않는다(마12:46-50). 대신 사랑의 관계를 중심으로 가족을 말하고 있다(요일3:14). 즉 하나님의 은혜와 사랑으로 인해 우리가 하나님의 자녀로 '입양' 되었음을 성경은 일관되게 증언하고 있다(롬8:15;23; 갈4:5; 엡1:5).

따라서 우리는 예수 그리스도로 인해 감히 하나님을 아바, 아버지로 부를 수 있게끔 하나님의 자녀로 입양되어 '하나님의 가족'이 된 사실을 잊지 말아야 한다(롬8:15; 엡2:19).

아울러 우리는 시험관 아기, 배아 이식, 정자 직접 주입술, 착상 전 유전진단 등 여러 불임 치료법을 고려하기에 앞서 이미 태어난 소중한 아기들을 입양하는 것에 더 관심을 갖도록 해야 한다.

그러할 때 하나님의 창조 질서는 확연히 드러나게 될 것이며 또한 우리는 하나님께로부터 진정한 보상을 받게 될 것이다.

"보라, 자식들은 주의 유산이요, 태의 열매는 그분의 보상이로다."(시 127:3)

4

할례

8일

BC 2000년경 하나님께서 아브라함과 언약을 맺으시면서 처음으로 할례를 명하셨다(창17:9-14). 그러자 구십구 세인 아브라함을 위시하여 아브라함의 집에 속한 모든 남자가 할례를 받았다(창17:23-27). 그런데 하나님께서는 특별히 모든 사내아이는 태어난 지 팔일에 할례를 받으라고 하셨다(창17:12). 이에 따라 아브라함은 이삭이 출생한 지 팔일에 할례를 행하였다(창21:4).

그래서 유대인들은 고대 그리스나 로마 시대에 할례를 하면 사형을 시키던 때에도 사내아이가 태어나면 팔일에 할례를 행하곤 하였다.

그러나 현대의학이 발달하면서 신생아의 포경수술은 주로 고통을 별로 못 느낄 것이라 여겨지는 출생 직후에 행해졌다. 게다가 1999년부터 미국소아과학회에선 신생아의 포경수술을 의학적 목적이 없다면 권하지 않고 있다.

그러면 왜 하나님께서는 유대인들에게 신생아의 할례를 명하신 것이며 그것도 출생 직후가 아니라 팔일에 하라고 하신 것일까?

포경수술을 신생아가 받아야 한다면 굳이 팔일까지 기다릴 것이 아니라 통각이 발달하기 전에 빨리 받는 것이 좋다고 생각할 수 있을 것이다. 그러나 만일 고통이 덜할 것으로 생각해 아이를 낳자마자 아무런 의학적 조치 없이 할례를 행한다면 혈액응고가 어려워 매우 위험한 결과가 초래될 수 있음을 알아야 한다.

물론 요즈음은 어느 병원에서나 아이가 출생하면 즉시 비타민 K를 주사하여 혈액응고 기능이 향상되게 함으로 출생한 당일이나 다음날 포경수술을 받아도 문제가 되지는 않는다.

일반적으로 혈액응고에 필수요소인 프로트롬빈의 양은 생후 3일이 되면 성인의 30%에 달하고, 그 후 계속 증가해서 생후 8일째에 성인의 110%로 가장 높아지게 된다. 그러므로 비타민 K를 투여하여 인위적으로 프로트롬빈 농도를 높이기 위한 의학적 처치를 행할 수 없다면, 할례를 받기에 가장 좋은 때는 난 지 8일째인 것이다.

아울러 팔일은 창조의 한 주기를 보낸 다음날이므로 영적으로는 '새 창조'(重生)를 의미한다(요3:3-8; 골3:9). 이는 곧 할례가 영적으로는 마음의 포피에 행하는 것이라는 사실과 맥을 같이 하는 것이다(신10:16; 30:6; 롬2:28,29).

비록 민족적 언약으로 유대인들에게 육체에 행하는 할례를 명하셨지만 하나님께서는 그 영적인 의미를 유대인들에게도 분명히 밝히고 계시는 것이다.

따라서 우리는 할례를 통해 보여주신 하나님의 놀라운 섭리를 찬양하면서 예수님을 구주로 영접하여 '마음에 할례'(重生) 받은 자 곧 '새로운 피조물'로서의 삶을 살도록 해야 할 것이다(고후5:17; 갈2:20).

"그러므로 너희는 마음의 포피에 할례를 행하고 다시는 목을 뻣뻣하게 하지 말지니"(신10:16)

"이는 겉으로 유대인이 유대인이 아니요 겉으로 육체에 행하는 할례가 그 할례가 아니기 때문이라."(롬2:28)

5

인공 피

지난 주 미국의 한 생명공학 회사가 배아줄기세포에서 적혈구를 분화하고 핵을 제거하는 실험에 성공하였다는 보도가 있었다. 이로써 혈액형에 관계없이 어떤 환자에게나 안전하게 수혈할 수 있는 네거티브 O형 혈액을 생산할 수 있는 단초가 마련되었다.

필자도 오랫동안 병원 생활을 하는 가운데 다량의 혈액을 필요로 하는 환자가 피를 구하지 못해 생명에 위협을 받는 경우들을 적지 않게 보아왔는데

머지않아 혈액 수급에 대한 어려움이 다 해결될 것을 생각하니 반갑기 그지 없다.

인간의 생명현상에 관계된 수많은 요소들이 있지만 궁극적으로 피가 가장 중요한 것임은 주지의 사실이다(레17:11상).

그런데 앞으로 대량으로 생산되어 지금보다 훨씬 더 많은 사람들의 생명을 한시적으로 연장시켜 줄 '인공 피'와는 달리 인간의 생명현상을 영원히 지속 시켜 줄 '그리스도의 피'에 대해서는 너무나 많은 사람들이 모르고 있는 것이 작금의 현실이다(엡2:13; 히9:14; 벧전1:18,19; 요일1:7; 계1:5).

하나님께로부터 생명의 숨을 받자마자 아담에게는 혈액순환이 시작되어 생명현상이 나타나게 되었지만 아담은 죄로 인해 피가 부패하기 시작하여 영원한 생명을 잃어버리게 되었다(창2:7; 3:19).

아울러 아담의 모든 후손들도 아담으로부터 물려받은 부패된 피(SIN+)로 인하여 영원한 생명을 소유할 수 없게 되었다(창5:3; 롬3:23).

그러나 하나님의 충만한 때가 이르자 예수님께서는 인류를 죄로부터 구원 하기 위해 친히 인간의 몸을 입으시고 성령님에 의해 수태되어 처녀 마리아 에게 태어나셨다(마1:21; 갈4:4).

그런데 예수님께서는 비록 마리아의 몸을 빌리셨지만 마리아의 부패된 피 (SIN+)를 한 방울도 받지 않으셨다.

왜냐하면 하나님께서는 산모의 자궁에서 자라고 있는 태아에게 태반을 통 하여 필요한 영양분만이 공급되게 하셨고 피는 단 한 방울도 넘어가지 않게 만드셨으며, 오로지 태아의 피는 태아 자체의 조혈기관에서 생성되도록 하 셨기 때문이었다.

그래서 '무죄한 피'(SIN−)를 지니시게 된 예수님은 이 세상의 모든 죄를 제거하는 '흠도 없고 점도 없는 어린양'이 되셨던 것이다(요1:29,36).

따라서 우리가 영원한 생명을 얻기 위해서는 인공 피(SIN+)나 다른 어떤 피로써도 불가능함을 알고 오직 어린양으로 오신 예수 그리스도의 보혈(寶血)만을 받아들여야 하는 것이다(벧전1:18,19).

"너희가 알거니와 너희 조상들로부터 전통으로 물려받은 너희의 헛된 행실에서 너희가 구속(救贖)받은 것은 금이나 은같이 썩을 것들로 된 것이 아니요, 오직 흠도 없고 점도 없는 어린양의 피 같은 그리스도의 보배로운 피로 된 것이니라."(벧전1:18,19)

6

오캄의 면도날

<big>중</big>세 철학의 일반적인 원리인 '오캄의 면도날'은 오늘날까지 인문학뿐 아니라 과학 분야에서도 주요한 논리적 잣대가 되어 왔다. 즉 '복잡한 의견을 불필요로 하는 원리'(the principle of unnecessary plurality), '절약의 원리'(the principle of parsimony), '단순성의 원리'(the principle of simplicity) 등으로도 불려지는 이 '오캄의 면도날'(Ockham's Razor)은 사실 의학적 판단을 비롯한 모든 이성적 사고의 영역에서 전가(傳家)의 보도

(寶刀)처럼 사용이 되고 있다.

예를 들어 요즈음 유행하고 있는 마이코플라즈마 폐렴의 경우를 보자. 이 폐렴에서는 다형홍반, 간염, 용혈 빈혈, 수막뇌염 등 호흡기 이외의 장기들에도 합병증이 잘 생길 수 있다. 그런데 이때 여러 가지 다른 원인들에 의해서 이와 같이 다양한 질환들이 발생했다고 생각하는 것보다는 단지 마이코플라즈마 균 하나에 의해 다양한 합병증이 생겼다고 이해하는 것이 훨씬 논리적이다.

다시 말해 동일한 현상에 대해서 여러 가지 설명이 가능하다면 그 중 가장 간단한 가설이 가장 진리일 확률이 높다는 것이 '오캄의 면도날'이다.

그렇다면 이러한 개념은 모든 질병의 원인을 찾는데도 적용이 될 수 있어야 할 것이다. 그렇지만 유감스럽게도 현대의학에서는 우리가 겪는 온갖 유형의 질병에 대해 환원론적인 이해만 있을 뿐 그 근본적인 원인에 대한 고찰은 하지 못하고 있다.

그러나 성경은 우리가 왜 질병을 앓게 된 것인지 그 근본이유에 대해 명쾌히 설명을 하고 있다(창3:17-19). 즉 아담의 범죄, 곧 하나님의 말씀에 대한 불순종의 결과로 땅이 가시덤불과 엉겅퀴를 냄과 동시에 인간에게 유해한 마이코플라즈마 같은 균들이 창궐할 수 있도록 하나님께서 허락을 하셨기 때문에 우리가 각종 질병에 걸리게 됨을 밝히고 있다. 그래서 창조의 질서가 깨지면서 무질서도(entropy)가 증가하는 열역학 제2법칙이 이 지구상에 시작됨으로 인해 우리 몸도 쇠퇴하기 시작하여 건강을 잃게 됨을 우리는 성경을 통해 이해하게 된다.

원인을 알면 치료가 쉬워진다. 우리가 온전한 건강을 얻으려면 먼저 우리의 죄 문제를 해결 받아야 한다(롬3:23; 6:23; 10:9,10). 그렇게 되면 우리가 언제 어떠한 모양으로 이 세상을 떠나가더라도 하나님의 영광이 가득하며 어떠한 질병도 존재하지 않는 천국에서 건강한 삶을 영원토록 누릴 수 있다(계21:4; 22:3,4).

아울러 우리는 구원받은 후 주님께서 허락하신 이 세상에서의 삶을 살아갈 때에 아담의 불순종을 반면교사(反面敎師)로 삼아야 한다. 이 성서건강학 칼럼들을 통해서 살펴본 대로 하나님의 말씀에 순종하는 것이야말로 가장 확실하게 건강한 삶을 보장받는 방법이다. 왜냐하면 하나님께서는 우리가 말씀에 순종할 때 우리에게 진정한 치유자가 되어주실 것을 약속하셨기 때문이다(출15:26; 23:25).

"이르시되, 네가 주 네 하나님의 음성에 부지런히 귀를 기울이고 그의 눈 앞에서 옳은 것을 행하며 그의 명령들을 귀담아 듣고 그의 모든 법규를 지키면 내가 이집트 사람들에게 내린 이 질병 중 하나도 너희에게 내리지 아니하리니 나는 너를 치유하는 주니라, 하시니라."(출15:26)

7

육(肉)적 출생과 영(靈)적 출생

1. 들머리

인간의 정자와 난자가 만나 한 인간의 존재(存在)가 시작된 후 약 40주 정도의 재태기간을 거쳐 출산이 되는 것은 우리 모두가 너무나 잘 알고 있는 사실이다.

그러나 이러한 육(肉)적 출생에 이어서 인간이 '한 번 더 태어나'(born

again) 얻게 되는 영(靈)적 출생에 대해서는 너무나 많은 사람들이 모르고 있다. 심지어 교회에 오랫동안 출석하고 있는 기독교인(?)조차도 영(靈)적 출생에 대해 무지하여 영적으로 죽어 있는 경우를 적지 않게 목격하게 된다.

따라서 이 글에서는 영(靈)적 출생이 무엇인지 살펴봄으로써 이 글을 읽는 독자들 모두가 영(靈)적 출생에 이를 수 있도록 안내를 하고자 한다.

먼저 인간론에 대한 몇 가지 명제에 대해 함께 생각해 봄으로써 영(靈)적 출생이 무엇인지 알아보도록 하자.

첫째, 인간이란 존재(存在)는 어떻게 정의될 수 있는가?
둘째, 인간은 단지 육(肉)적인 존재인가?
셋째, 인간은 죽음 이후에 어떻게 되는가?

2. 인간(人間)의 존재(存在)

역사 이래 수많은 철학자들과 사상가들이 인간이란 존재에 대해 나름대로 많은 정의를 내려오고 있지만 필자는 존재(存在)라는 한자어 자체만큼 존재(存在)에 대한 정의를 확연히 드러내 주는 말은 없다고 생각한다. 노아의 두 번째 아들 셈(Shem)의 후손인 창힐이 삼황오제(三皇五帝) 시대 때 황제의 사관으로서 만든 존재(存在)라는 한자어는 다음과 같은 내용으로 이루어졌다.

존(存) = 한 일(一) + 사람 인(人) + 아들 자(子),
재(在) = 한 일(一) + 사람 인(人) + 흙 토(土)

즉, 한(一) 사람(人)을 흙(土)으로 만들어 한(一) 사람(人) 남자(子)가 존재하게 되었다는 것이 상형문자인 '존재(存在)'의 의미이다. 다시 말해서 하나님께서 에덴동산에서 흙(土)으로 첫(一) 사람(人) 아담(子)을 만드신 사건이 바로 인간이 존재(存在)하게 된 이유인 것을 한자어 존재(存在)가 명확히 보여주고 있다(창2:7).

"주 하나님께서 땅의 흙으로 사람을 지으시고 생명의 숨을 그의 콧구멍에 불어넣으시니 사람이 살아 있는 혼이 되니라."(창2:7)

그렇다. 인간을 포함한 모든 우주만물의 존재(存在)는 창조주 하나님으로부터 말미암았다는 사실에 의해서 우리 인간의 존재(存在) 의의와 정체성이 확실케 되는 것이다.

3. 인간(人間)의 구성(構成)

그렇다면 하나님께서는 인간을 단지 육(肉)적인 존재로만 창조하셨는가? 결코 그렇지 않다. 창세기 2장 7절을 다시 보도록 하자.

"주 하나님께서 땅의 흙(肉, body)으로 사람을 지으시고 생명의 숨(靈, spirit)을 그의 콧구멍에 불어넣으시니 사람이 살아 있는 혼(魂, soul)이 되니라."

그렇다. 인간은 하나님의 형상과 모양을 따라 육(肉)과 영(靈)과 혼(魂)으로 이루어진 인격적인 존재(存在)로 창조가 되었다(창1:26; 살전5:23; 히4:12).

그런데 여기서 하나님의 복주심(창9:27)을 좇아 중국 땅에 들어온 야벳(Japheth)의 후손들에게 한자라는 상형문자를 만들어준 창힐이 왜 육(肉)과 영(靈)과 혼(魂)을 이처럼 기록하였는지 잠깐 살펴보도록 하자.

1) 육(肉)

육(肉) = 몸(同) + 〔사람 인(人)〕 + 들 입(入) + 사람 인(人)

즉, 육(肉, body)은 하나님께서 아담의 몸(同)에 손을 넣으셔서(入) 한 사람(人)을 만드셨고, 이브(人)에게 아담(人)이 들어가(入) 연합(同, 同)하여 한 몸(肉)이 된 사실을 말해주는 것이다(창2:21-24).

"주 하나님께서 아담을 깊이 잠들게 하시니 그가 잠들매 하나님께서 그의 갈비뼈(同) 중에서 하나를 취하시고(入) 그 대신 살로 채우시며 주 하나님께서 남자(人)에게서 취한 그 갈비뼈로 여자(人)를 만드시고 그녀를 남자에게로 데려오시니 … 이러므로 남자(人)가 자기 부모를 떠나 자기 아내(人)와 연합(同)하여 한 육체(肉)가 될지니라."(창2:21,22,24)

2) 영(靈)

영(靈) = 비 우(雨) + 입 구(口) + 입 구(口) + 입 구(口) + 지을 공(工) + 사람 인(人) + 사람 인(人)

우(雨)자는 위에 덮어씌운 괄호가 있고 그 괄호 안에 수직선 양 옆으로 짧게 둥글하게 가로 그은 선이 둘씩 있는데 그것은 물이 가득 찬 공간을 뜻한다. 그리고 그 물들을 둘러씌운 괄호는 물들의 표면 위에서 이뤄지는 것을 의미한다. 구(口)자 세 개는 말씀으로 천지를 지으신 삼위일체 하나님을 뜻하며 공(工)자와 인(人)자 두 개는 하나님께서 아담과 이브를 만드신 것을 나타내 준다(창1:2,27).

"땅은 형태가 없고 비어 있으며 어둠은 깊음의 표면 위에 있고 하나님의 영(靈)은 물들의 표면 위에 운행하시니라."(창1:2)

따라서 영(靈, spirit)은 삼위일체(口+口+口) 하나님께서 창조의 클라이맥스로 아담(人)과 이브(人)를 만드시기(工) 위해 물들(雨)의 표면 위에 운행하시는 창세기 1장 2절의 내용을 표현하는 것이다.

3) 혼(魂)

혼(魂) = 이를 운(云) + 삐침 별(丿) + 밭 전(田) + 사람 인(人) + 사사 사(厶)
귀(鬼) = 삐침 별(丿) + 밭 전(田) + 사람 인(人) + 사사 사(厶)

넋을 가리키는 혼(魂)은 '귀신 귀(鬼)'와 '속삭이다'를 뜻하는 '이를 운(云)'으로 이루어져 있다. 그런데 사탄 또는 마귀를 나타내는 귀(鬼)자는 한곳에서 갈라져 네(十) 개의 강이 흐르던 지역(口)인 에덴동산(田)에 사람(人)처럼 말을 하는 존재가 은밀하게(厶) 들어와 활동하는(丿) 모습을 나타내고 있다(창2:10-14; 3:1).

따라서 혼(魂)은 마귀(魔鬼)가 이브에게 다가와 "너희가 결코 죽지 아니하리라"고 속삭이는 내용을 말해준다(창3:4). 이 마귀의 말대로 우리의 혼(魂, soul)은 '결코 죽지 않는 존재'이다.

4. 사후(死後)의 인간(人間)

인간이 살아 있을 때에는 육(肉)과 영(靈)과 혼(魂)을 정확히 구별할 수 있는 경우가 많지 않지만 인간이 죽는 순간 이 셋은 명확히 구분이 되어진다. 즉 육(肉)은 죽음과 동시에 100여종의 원소로 분해 되어 흙으로 돌아간다(창3:19). 영(靈)은 위로 올라가게 되며(전3:21), 혼(魂)은 심판을 받아 천국 아니면 지옥으로 가게 된다(히9:27; 눅16:19-31).

한자어 혼(魂)이 의미하는 대로 우리의 혼(魂)은 죽음 이후에도 영원히 존재하는 것인데 그렇다면 어떻게 하여야 인간의 혼(魂)이 지옥에 가지 않고 천국에 갈 수 있는지 알아보도록 하자.

"의(義)로운 사람은 없나니 단 한 사람도 없으며"(롬3:10)

"모든 사람이 죄(罪)를 지어 하나님의 영광에 이르지 못하더니"(롬3:23)

그렇다. 역사상 존재하였던 인간 모두는 단 한 사람의 예외도 없이 하나님의 관점에서는 의(義)롭지 못하며 또한 죄인(罪人)이다.

그런데 여기서 의(義)와 죄(罪)에 대한 정의는 다음과 같이 내릴 수 있다.

의(義) = 양 양(羊) + 손 수(手) + 창 과(戈)

의(義)란 바로 어린 양(羊)을 자신의 손(手)으로 잡고 창(戈)으로 찔렀을 때 나오는 것(寶血)을 의미한다. 즉 어린양이 되신 예수 그리스도의 피(寶血)로써만 우리가 의로워질 수 있다는 사실을 말해준다(요1:29,36; 벧전1:19; 요일 1:7; 계7:14; 12:11).

죄(罪)를 뜻하는 원래의 글자는 자(自) 밑에 신(辛)이 놓인 모양이었다. 그런데 기원전 2세기경 진시황제(秦始皇帝) 때 죄(自 + 辛)자가 임금 황(皇)자와 모양이 비슷하다고 해서 지금의 죄(罪)자로 바꿔 쓰도록 하였다.

원래의 죄(自 + 辛)자 중 먼저 신(辛)자를 보면, 위의 하나님께(亠)(上) 죄를 지은(干) 첫째(一) 사람이 혹독한 고생(辛)을 한다는 뜻이다. 또 신(辛)자는 첫째(一) 사람 또는 한(一) 사람이 하나님의 입(口)에서 나온 말씀(言)을 떠남으로 인간에게 죽음과 같은 혹독한(辛) 고생이 시작된 것을 나타내준다.

따라서 죄(自 + 辛)자는 인간이 스스로(自) 죽음이란 혹독한(辛) 상황을 초래하게 된 사실을 잘 표현해주고 있다.

다시 로마서 3장 23절로 돌아가 보자.

"모든 사람이 죄(罪)를 지어 하나님의 영광에 이르지 못하더니"(롬3:23)

그렇다. 우리 모두가 죄인이기 때문에 우리가 죄 문제를 해결하지 못하면 그 어느 누구도 죽어서 하나님의 영광이 가득한 천국에 갈 수가 없다.

5. 죄(罪)의 대가(代價)

그런데 이 글을 읽으시는 분 중에 자신은 죄(罪)와는 거리가 한참 멀다고 생각하시는 분이 계실지 모르겠다. 그러나 하나님은 당신의 속 중심을 보고 계신다는 사실을 잊지 않았으면 한다(시44:21; 렘17:10; 히4:13; 계2:23).

예수님께서 직접 하신 말씀을 보자. "나는 너희에게 이르노니, 누구든지 여자를 보고 그녀에게 음욕을 품는 자는 이미 마음속으로 그녀와 간음하였느니라."(마5:28)

또 요한일서 3장 15절의 말씀을 보자. "누구든지 자기 형제를 미워하는 자는 살인하는 자니 살인하는 자 속에는 영원한 생명이 거하지 아니하는 줄 너희가 아느니라."

당신이 음욕을 품은 적이 있다면, 또 누구를 미워한 적이 있다면 죄 중에서도 가장 큰 죄인 간음죄와 살인죄를 지은 것이라고 하나님께서는 판단하시는 것이다.

그래서 하나님께서 말씀하신 대로 이 글을 읽는 독자 모두는 다 죄인인데 죄(罪)에는 반드시 대가가 따르게 된다.

로마서 5장 12절을 보자. "그러므로 한 사람으로 말미암아 죄(罪)가 세상에 들어오고 죄(罪)로 말미암아 사망(死亡)이 들어왔나니 이와 같이 모든 사람이 죄(罪)를 지었으므로 사망(死亡)이 모든 사람에게 임하였느니라."

아담 한 사람이 하나님께서 금(禁)하신 선악과를 먹음으로 죄가 세상에 들어왔고 아담의 후손인 우리들 모두가 죄 가운데 태어나기 때문에 죄인인데 죄(罪)의 대가는 사망(死亡)이라고 하시는 것이다. 로마서 6장 23절에도 같은 설명이 있다. "죄의 삯은 사망이요"(롬6:23상)

그런데 죄(罪)의 대가인 사망(死亡)은 '육(肉)적 사망'과 '영(靈)적 사망' 두 가지로 나뉘어진다. 사람이 죄 문제를 해결하지 못하여 영적으로 죽은 상태에서 육신적으로 죽는다면 그 사람은 불못(계20:10-15; 21:8)이라고 불리는

'둘째 사망' 곧 '영(靈)적 사망'의 고통을 영원토록 겪어야 한다. 즉 죄인인 사람은 죄의 대가를 치르기 위해 영존하는 불못의 고통을 겪어야만 하는 것이다. 그런데 지옥에서 천국으로 갈 수 있는 기회는 전혀 없다. 한 번 지옥에 가면 영원토록 그곳에 머물며 고통 가운데 있게 되는 것이다(눅16:19-31).

6. 영적(靈的) 출생(出生)

그런데 아주 놀랍고도 복된 소식이 있다. 그것은 예수님께서 그 죄 값을 다 치르셨다는 사실이다. 과거의 죄뿐 아니라 현재와 미래의 죄까지 단번에 다 해결하셨다(히10:10).

"우리가 아직 죄인이었을 때에 그리스도께서 우리를 위하여 죽으심으로 하나님께서 우리를 향한 자신의 사랑을 당당히 제시하시느니라."(롬5:8)

그렇다. 예수님께서는 우리 모두를 위해 십자가에서 '보배로운 피(寶血)'를 흘려 돌아가셨다(벧전1:19). 인류의 모든 죄를 다 씻어주실 수 있는 '무죄(無罪)한 피'를 흘리시고 우리가 받아야 할 지옥·불못의 영원한 고통을 대신 받으셨다(마27:4; 요일1:7). 따라서 이제 이 모든 사실을 믿고 예수님을 구주로 모셔들이기만 하면 누구든지 구원을 받고 영원한 생명을 얻게 되는 것이다(롬6:23하).

"하나님의 선물은 예수 그리스도 우리 주를 통한 영원한 생명이기 때문이니라."(롬6:23하)

다시 말해 예수님을 자신의 인격적인 구원자와 주님으로 영접하면 그 순간 하나님의 선물인 영원한 생명을 얻게 되어 언제 이 세상을 떠나가든지 지옥에 가지 않고 하나님의 영광이 가득하고 부활하신 예수님이 계신 천국에 바로 들어갈 수 있게 되는 것이다(마1:21; 요1:12; 3:16).

그러할 때 우리는 영적으로 다시 태어나게(born again) 되는 것이요, 하나님의 자녀로 신분이 바뀌게 되는 것이요, 감히 하나님을 아바, 아버지라고 부를 수 있게 되는 것이요, 하나님의 상속자가 되는 것이요, 천국시민권자가 되는 것이요, 어린양의 생명책에 이름이 기록되는 것이요, 하나님의 호적에 새로운 피조물로 다시금 출생신고가 되는 것이다(요1:12; 3:3-7; 롬8:14-17; 고후5:17; 빌3:20; 계21:27; 22:4).

7. 마무리

사랑하는 독자 여러분, 이제 예수님을 구주로 영접하여 구원을 받고 영적으로 다시 태어나고 싶지 않으십니까?

성경은 다음과 같이 '구원받는 방법'(how to be saved)을 우리에게 잘 제시해 주고 있습니다(롬10:9-10).

"네가 만일 네 입으로 주 예수님을 시인하고 하나님께서 그분을 죽은 자들로부터 살리신 것을 네 마음속으로 믿으면 구원을 받으리니 사람이 마음으로 믿어 의(義)에 이르고 입으로 시인하여 구원에 이르느니라."(롬10:9-10)

"누구든지 주의 이름을 부르는 자는 구원을 받으리라."(롬10:13)

독자 여러분 중에 아직도 예수님을 자신의 인격적인 구원자(Saviour)와 주님(Lord)으로 모셔들이지 못한 분이 계시다면 다음의 기도를 드리시기 바랍니다.

"온 우주만물을 창조하신 하나님 아버지, 저는 제가 거룩하신 하나님 앞에서 죄인이며, 영원한 지옥의 형벌을 받아야 마땅한 존재임을 알게 되었습니다. 그리고 저를 사랑하시는 하나님께서 예수 그리스도를 이 세상에 보내셔서 죄인인 저를 대신해서 모든 형벌을 받게 하신 사실도 알게 되었습니다.

부디 저를 불쌍히 여기시며 저의 모든 죄를 용서해 주시기 바랍니다. 또한 저를 도와 주셔서 이 죄들을 미워하여 완전히 떨쳐버리고 새로운 삶을 살 수 있게 도와주시기 바랍니다. 저는 구원받기를 원하나 저의 노력이나 방법으로는 구원받을 수 없음을 인정합니다. 저의 죄를 제거하기 위해 예수 그리스도를 보내 주시고 예수님께서 저를 위해 십자가에서 피를 흘려 돌아가신 뒤 사흘 만에 부활하셨으니 하나님의 은혜에 진심으로 감사를 드립니다.

이제 저는 이 예수님을 신뢰하며 그분께서 부활하신 것을 믿으며 저의 구원자와 주님으로 모셔들입니다. 이제부터 영원토록 주님을 사랑하고 주님의 명령에 순종하며 다른 이들을 예수님께로 인도할 수 있도록 도와주시기 바랍니다.

다시 한번 저를 영원한 지옥의 형벌로부터 구원해 주시고 천국과 영원한 생명을 주신 은혜에 감사를 드리며 이 모든 것을 주 예수님의 이름으로 기도합니다. 아멘."

진심으로 이렇게 기도하셨다면 거짓말하실 수 없는 하나님의 다음과 같은 약속을 신뢰하고 주위의 좋은 크리스천들에게 당신이 구원받은 사실을 알리

십시오. 그리고 성경대로 믿고 가르치는 교회를 찾아가십시오. 당신 안에 들어오신 성령님께 당신의 새로운 삶을 인도해 주시도록 기도하십시오. 그분께서 길을 보여주실 것입니다. 이 시간 이후 당신의 삶은 어제까지의 삶과는 전혀 다른 새로운 삶이 될 것입니다.

"너희가 다 그리스도 예수님을 믿는 믿음으로 말미암아 하나님의 자녀들이 되었나니"(갈3:26)

"내가 그들에게 영원한 생명을 주노니 그들이 결코 멸망하지 않을 것이요, 또 아무도 내 손에서 그들을 빼앗지 못하리라."(요10:28)

문서선교사로의 초대 >>>

1989년 창간된 국내 유일의 건강선교지

월간 건강과 생명

THE MONTHLY MAGAZINE

〈건강과 생명〉은 아직 주님을 만나지 못한 영혼들과
뜻하지 않은 사고나 질병으로 인해 고통당하는
영혼들을 위해 만들어지는 건강선교잡지입니다.
병원 선교사들과 환우들에게, 또한 그리스도인들에게
〈건강과 생명〉은 심방용으로, 선물용으로,
전도용으로 더없이 좋은 동반자요, 위로자가 될 것입니다.

〈건강과 생명〉은 이런 잡지입니다

1989년 창간된 국내 유일의 건강선교잡지입니다

〈건강과 생명〉은 땅 끝까지 복음을 전하라는 주님의 명령에 따라
그리스도인 의사들을 중심으로 1989년 창간된 국내 유일의 건강 선교잡지입니다.

최고의 집필진이 직접 집필하는 최고 권위의 건강 정보지입니다

〈건강과 생명〉은 의료분야 최고의 집필진을 자랑합니다.
총 22명의 전문 편집위원들을 중심으로 각계 전문가들이 직접 집필하는
의료 컨텐츠 분야는 〈건강과 생명〉만의 자랑이며 차별화된 서비스라 할 수 있습니다.

전인치료를 목적으로 영육간의 건강한 삶을 추구하는 잡지입니다

〈건강과 생명〉은 전인치료를 목적으로 육신의 병뿐만 아니라 마음의 병, 무엇보다
영혼의 병을 치유하는 지혜를 담고 있습니다. 〈건강과 생명〉을 정독하면 여러분 곁의 든든한
평생주치의를 얻는 동시에, 영육간에 건강한 삶을 누리실 수 있습니다.

문서선교사로 여러분을 초대합니다

건강과 생명 보내기 운동 후원신청서

천사가 되어주세요! 매달 1만 원의 후원금으로 4사람에게
건강과 생명을 보내는 천사구원 운동에 여러분을 초대합니다!

월간 《건강과 생명》은 질병으로 고통당하는 환우들과
건강에 관심이 많은 현대인들에게 효과적으로 복음을
전할 수 있는 최상의 복음 전도지입니다!

18년간 《건강과 생명 보내기 운동》을 통해 효과적인 전도의 열매를 맺어온
월간 《건강과 생명》이 새롭게 《건강과 생명 보내기 1491:천사구원 구좌운동》을
펼칩니다. 이 캠페인은 매달 1인 1구좌 1만원의 후원금 약정을 통해
기증 4권(혹은 본인 1권, 기증 3권)을 월간 《건강과 생명》을 필요로 하는 곳(병원, 교도소,
원목실, 호스피스 단체, 장애인 단체, 개척교회, 낙도 오지 등)에 보내는 운동입니다.
한(1)사람이 네(4)권을 기증해 사람을 구원(91)하는 전도사역입니다.
한달 만원의 후원금으로 천하보다 귀한 영혼을 구원하고 낙심과 실의에 빠진 영혼을
일으켜 세우는 귀한 문서사역에 여러분의 많은 참여를 부탁드립니다.

신 청 서

후원금액: 월 ____구좌____만원 (1구좌: 1만원, 2구좌: 2만원, 5구좌: 5만원, 10구좌: 10만원)	
은 행 명: 우리, 국민, 조흥, 신한, 하나, 한미, 제일, 농협, 기업, 우체국, 기타( )	출금 희망일: (셋 중 하나 선택) ☐ 5일 ☐ 15일 ☐ 25일
계좌번호:	생년월일:
예 금 주: 예금주와의 관계:	이체 개시일 : 200 년 월 일

신청인(월간지 발송과 추후 확인을 위해 필요한 사항이니 자세히 기입해 주세요)

이 름		성별	남 / 여	이메일	
주 소					
전 화				핸드폰	
기증부수 발송형태	☐ 본인 1부 + 나머지 부수 기증		☐ 전체 부수 기증		

위와 같이 후원을 신청합니다.

후원자 이름: _____ 서명: _____

지금 즉시 신청하세요!

☎ 02-3673-3421

월간 건강과 생명   보내기 운동본부

서울시 종로구 연건동 67번지 1층 월간 건강과 생명 전화: 02)3673-3421 Fax:02)3673-3423 www.healthlife.co.kr

해당 사항에 체크하셔서 우편으로 보내 주세요